母が重くてたまらない

墓守娘《はかもりむすめ》の嘆き

信田さよ子

朝日文庫

本書は二〇〇八年四月、春秋社より刊行された『母が重くてたまらない　墓守娘の嘆き』に加筆修正を加えたものです。

まえがき――「墓守は頼んだよ」の呪文

八月一五日の正午、時報とともに、テレビ画面では黙禱《もくとう》をささげるひとたちの姿が映し出される。一九四五年のあの日から六〇年余りが過ぎたというのに、画面の中で目をつむり合掌しているひとたちの胸に去来するのは、時間が止まったような死者の想い出であろう。いや、想い出にすらなっていない、生々しい喪失感や悼《いた》みなのかもしれない。同じ時間、全国で多くの人々が汗をぬぐいながら、墓参のために足を運んでいる。旧盆のこの日は、日本列島に死者の気配が満ちる日でもある。

ぎらぎらと照りつける真夏の炎天下、墓の草取りをし墓石を洗い清める。池からバケツで水を汲む、花とちょうちんとろうそくと線香、そうそう、マッチを忘れないように。竹筒はきれいに洗ってからお水を入れないと、お花が早くしおれてしまう……。ふるさとで、毎年繰り広げられる墓参の光景だ。祖父母から両親へ、墓参の先導者は変化したていくのだろう。いずれそれも弟に引き継がれることになるだろう。そして、そのころ私はどうなっているのだろう。お墓をめぐって考えることは、そのまま自分の死、そして死後の世界に思いを馳せることにつながっていく。

幼いころから欠かすことなく当たり前のように続けてきたお盆の習慣だが、ここで想像してみる。たとえば弟が生まれていなかったらどうなっただろうかと。今でも親の職業を継ぐために、子どもの将来を早々と決定することは珍しくない。たとえば歌舞伎の世界がそうだ。そういう私も、弟が生まれるまでは実家の跡を継ぐことを、暗黙のうちに期待されていた。何よりそれがいやだった私は、なんとか合法的に回避する方法がないかと真剣に思案していたものだ。

ところが中学三年の四月、一五歳離れて弟が誕生した。その時味わった目の前がぱっと明るくなるような解放感を、今でもありありと思い出すことができる。父にとっても待望の長男誕生はよほど嬉しかったらしく、その日のうちに鯉のぼりの長い竿を買い、かついで帰った。その姿は、しばらく近所のひとたちの語り草になったという。そんな父の価値観が長男相続に基づくことは言うまでもない。一方、それが私を家業から自由にしたのも事実である。

私は「原宿カウンセリングセンター」を運営しているが、カウンセリングに訪れる女性たちは首都圏在住のひとたちばかりではない。飛行機に乗って日帰りするひとも多い。泊まるとカウンセリングに来ていることが夫や姑に発覚してしまうからである。某県の五〇歳の女性は長男の嫁である。長男相続とは旧民法の残滓《ざんし》であるとばかり思っていたが、そうではない。盆と正月にはいまだに夫の兄弟が夫婦と子連れで訪れ、三食手づくり、ふとんの上げ下ろしまで全部彼女にかかっているという。計一八人にもなる食事の準備に忙殺されるのが、年中行事らしい。仏壇を磨き、お墓の掃除も怠らない。そんな彼女の一人娘が摂食障害になったのがカウンセリングに来るきっかけだった。

娘は、彼女の愚痴の唯一の聞き手として成長した。家を継ぐことになる娘には自分と同じ思いをさせたくないと思っていたが、夫はまったく聞く耳を持たず、両親と兄弟に対して、長男の役割を立派に遂行することにだけ誇りを持っているように思えた。彼女にとっては、娘だけが味方に思えたのだ。摂食障害になってから、娘はこう言った。「私は、お母さんみたいな人生を送りたくない」「お母さんみたいに完璧な主婦にはなれない」「こんな家のお墓を守って生きるなんていやだ」と。その時、たしか私は聞き返したと思う。「墓を守る？　墓守ですか？」と。

ハカモリ

どこか、過去の亡霊のような「ハカモリ」ということばを、それから数年後再び耳にすることになった。ある雑誌の取材の際にである。テーマは「母と娘の上手なつきあい方」だった。

雑誌の取材は、編集者とライターがペアでやってくることが多いのだが、編集者の彼女は単独でやってきた。三〇代後半らしい落ち着きと手早さが、所作のはしばしに表れている。レコーダーをセットし、おもむろにアンケート集計のペーパーを私にも一枚渡した。

「母親が娘の会社選びにまで口を出してくるんですけど、そんな場合どうしたらいいんでしょうね」、彼女は読者アンケートを読み上げながら質問してくる。母親とどうつきあったらいいのか、という読者の悩みが全国から山ほど送られてくるので、その企画が生まれたということだった。その雑誌はファッション中心のいわゆるモテ系ＯＬ雑誌とは一線を画しており、そこそこプライドの高い雑誌で、二〇代後半から三〇代のデキる女性たちが読者として想定されている。

一つずつ質問に丁寧に答えながら、全部終了した後で、私は思わずため息をついてしまった。「どうしてこのひとたちこんなに母親に気をつかうんでしょうね。これ、オフレコでお願いしますよ。大丈夫ですよね？」と、思わずたずねた。その問いには答えず「お疲れ様でした」と頭を下げた彼女は、手早くレコーダーを片付けてから私の写真をカシャカシャと撮影し、おもむろに私のほうを向いた。

「実は私もなんです……」

おお、デジャヴである。こんな場面に何度遭遇したことだろう。実は、取材内容が取材者自身の問題と重なっていることを告白されるのは、今に始まったことではない。関心があるから取材するのか、たまたまなのか、それはわからないが。

独身の彼女は、正社員としてバリバリ仕事をしているのだが、同じ都内にある実家には年に数回しか戻らないという。

「実家はひょっとしてX市だったりして……」冗談めいてある地名を出したところ、「ピンポーン、当たりです！」と彼女が反応したので驚いてしまった。そこからすっかり意気投合し、残り時間を彼女の窮状を聞くことに費やしたのだった。

実家は、市役所を定年退職した父と母の二人暮らしである。ご他分に漏れず、父は長男だ。築一〇〇年を越す家は先祖代々の土地に建てられ、畳敷きの部屋がいくつもある。今でも法事の際は、障子やふすまを取り払って親戚一同が揃って会食をする。父は、市役所の職員だった頃から、ピッタリ五時半に帰ってきた。休みの日には、朝から庭の畑で野菜づくりに余念がなかった。物静かで、先祖から受け継いだ土地とお蔵を守りとおすのが自分の務めであると信じて疑わない父は、それほど野心もなかった。生まれたその土地で生きて、墓に入ることを、彼女が小さいころから従容とした態度で語って聞かせるのだった。

いっぽう母は、一人娘の彼女に対して「やりたいことをやるのが人生よ、女でもとにかく経済力をつけなくっちゃ何にも始まらないんだからね」と、幼いころから耳にたこができるほど語って聞かせた。膨大な量の家事に対してもひとことも文句を言わず、明るくエネルギッシュな母は、常に尊敬の対象だった。彼女が就職するまでは。

母からのボディブロー

出版社に就職が決まったときは大喜びした母だったが、彼女が二七歳を過ぎるあたりから風向きが変わってきた。「どう、いいひとできた？」と聞くかと思えば、徹夜の作業が続くと「年ごろの娘に、こんな仕事をさせるなんて非常識だ」と会社への不満を述べるようになった。帰宅時間についても鷹揚だったが、しだいに監視が厳しくなり、あるときついに爆発した。「どういうつもりなの？　いったいいつになったら結婚する気なの？」

怒りに震えた母の顔は、これまで見たこともない表情だった。あんなにやりたいことをやりなさいと薦めた母が、「女の人生、やっぱり結婚でしょ」などと口走るなんて、彼女はひどく裏切られた気持ちがして、その三日後に都心のワンルームマンションに引っ越すことを決めた。

母の本心を垣間見た気がした彼女は、用心深く決定的な断絶を避けるように、刺激しない程度のつきあいを続けてきた。二三歳になった彼女に、外国人の恋人ができた。母を喜ばせたくて、予告もせずに実家に彼を連れていった。なごやかな団欒の後、マンションに帰宅してほっとしている彼女に母から電話がかかった。電話口で母は、「孫がハーフなんて、親戚に顔向けができないじゃないの！」と大声で泣き叫んでいる。そばにいるはずの父は、例によって何の仲裁役もしないままだ。

彼女はその一件以来、実家に帰る気がしなくなってしまった。ところが、母からのご機嫌伺いの野菜が、突然、それも大量に送られてくる。捨ててしまうと罪悪感が湧き、かといっておいしく食べる気にもならない。箱に入ったサトイモの山を見るたびに、ただただ嫌悪感が募るのだった。祖父の一三回忌に、彼女は久々に実家に帰った。親戚の手前、母は仲のよい親子を演じる術には長けている。穏やかにそつなく法要を終えて帰ろうとしたとき、するするっと近づいてきた母が耳元でささやいた。

「もう何も言わないからね、ただ、私たちが死んだら墓守は頼んだよ」

彼女は突然ボディブローを受けたようで、頭がくらくらした。

「あー、すっきりしました、無料でカウンセリング受けたみたいでもうしわけありません」

語り終えた彼女は、どこかさばさばした表情を見せた。その雑誌記事のことはもう忘れてしまったが、あの編集者のことを思い出すたびに、「墓守娘《はかもりむすめ》」ということばがこころに浮かぶ。でも、きっと、彼女だけではないだろう。母との名状しがたい関係に苦しみながら、それでも罪悪感にとらわれている女性たちが数多く存在しているはずだ。たぶん、その母親たちは私とそれほど年も違わないだろう。団塊女性を中心とした彼女たちが、なぜ娘たちを苦しめる巨大なお荷物になっているのだろう。カウンセリングの経験に基づいて、墓守娘たちの苦しみを具体的に取り上げていきたい。娘たちを描くことで、母親たちの姿も逆照射されるに違いない。本書が、読者のかたたちの母娘関係を解くヒントになれば幸いだ。

母が重くてたまらない　墓守娘《はかもりむすめ》の嘆き　目次

まえがき――「墓守は頼んだよ」の呪文　3

1　母が重くてたまらない――さまざまな事例から　19

I

ママのための中学受験　21
ゴールインしたのは私ではない　どこまでもついてくる

母と娘の「運命共同体」　28
アルコール依存症の父　孤児願望　男になりたい　スミレから妖怪に　母のお墓を

息子を見上げ、娘を見下ろす母　37
変わらない母親像　母と息子と口紅　反面教師としての父　母の使い分け

気がつけば、落とし穴　45
母の選んだマンション、そして合鍵　体力満点の母　未来の設計図

Ⅱ

自分の不幸にふたをして　52
恨みと怒りのオーラ　「娘はうつじゃないでしょうか」
結婚して家を出て、出産してもどってほしい　「娘を心配する母」という安全地帯
団塊母の苦しみ　60
ロマンティックラブイデオロギー　娘だけが希望　理解の断念

Ⅲ

傷つけ合うことで強まる絆　67
『光抱く友よ』に見る母娘関係　見てはいけない光景　親子の役割逆転
父の存在はどこに？　73
父になることへのためらい　やっぱり母親の責任か？　バラの花を美しいと感じない
期待をしなければいい

無邪気な独裁者　81
この一〇年間の変化　無邪気に見えて狡猾　娘との一体感にひびを入れる

2
母とは一体誰なのか？　89

母親を徹底的に分析する　91
【1】独裁者としての母—従者としての娘　92
【2】殉教者としての母—永遠の罪悪感にさいなまれる娘　94
【3】同志としての母—絆から離脱不能な娘　97
【4】騎手としての母—代理走者としての娘　99
【5】嫉妬する母—芽を摘まれる娘　102
【6】スポンサーとしての母—自立を奪われる娘　104
母をどうとらえればいいの？　109
なぜ母性が造られたのか　自己犠牲という価値　呑みこむ愛のからくり

3　迷宮からの脱出——問題解決の糸口　*119*

母に対する処方箋　*121*
母がカウンセリングにやってくるのは？　まず教育プログラムから
グループカウンセリングの効果　隠されたテーマ
父に対する処方箋　*136*
空虚な中心としての父　登場した父親のパターン　パパズグループのねらい
墓守娘に対する処方箋　*152*
怒りを自覚しよう　罪悪感は必要経費　仲間をつくろう　カウンセリングに行ってみよう
NOは、母へのサービスだ　距離をもった母との関係は可能か
＊
解決方法はあるのか（文庫化に際して）　*171*

背景を知る　父と息子・父と娘　母・娘問題における援助者の役割
母親への期待を捨てる　「とりあえず」距離をとる・離れる　復讐したい娘たち
母と距離をとる方法　「母親研究の意味」／加害者臨床からヒントを得る
赦しでもなく復讐でもない、研究することで母を超える　責任主体としての母

あとがき　193
文庫版あとがき　197
解説「信田さよ子という名の地図」三宅香帆　199
参照文献・参考資料　206

母が重くてたまらない

墓守娘《はかもりむすめ》の嘆き

1 母が重くてたまらない

——さまざまな事例から

I

ママのための中学受験

ゴールインしたのは私ではない

ヒカルさんは、真冬の木枯らしが吹く夜になると、何とも言えない重い気分におそわれる。あれから一〇年以上過ぎているのに、どうしてなんだろうとため息が出る。

夜の一一時、煌々《こうこう》とした光に満ちた教室を出ると、いつも母親が車を駐車場に入れて、息を白くして待っていた。中学受験の追い込みの季節、夜間特設講座の教室の前では母と同じように大勢の親たちが、立ったまま子どもを待ちかまえていた。その姿は敬虔《けいけん》さに満ちており、まるで殉教者のように思われた。暖房の効いた車の中でのうのうと待っているような親は、一人もいなかった。

「ヒカルが寝る間も惜しんで勉強しているのに、ママが楽しているわけにはいかないわ」。母は、目をらんらんと輝かせて、断固とした口調で宣言した。合格祈願のためにお茶断ちをし、毎日特訓講座のために車で送り迎えをし、夜食をつくった。それも、栄養学的には完璧なメニューだった。父はそんな母を、ゴールを目指して疾走する競走馬を見るかのように、遠巻きに眺めていた。あのころを思い出すと今でも「同志」ということばが浮かぶ。そう、私とママは同志だった。あのころの異様に高揚した、それでいて奔流に巻き込まれているような感覚を、ヒカルさんは今でも、突然思い出す。

　会社の同僚のマキコさんが、社員食堂でランチを食べながら語ってくれたことばがある。「私ね、今もってる知識のほとんどは○○塾でおそわったような気がするんだ。中学から大学まで、あれ以上は勉強しなかったもんね」。まるで自分のことを言われたようで、思わず箸を落としそうになった。その通りだ。あれからの一〇年間、私の学業生活はぬるま湯のようなものだった。大学入試だって、高校で用意されたメニューを勤勉にこなせば楽勝だった。中学入試のときのように、頭の髄までひねりつくす経験なんて皆無だった。

　超高層ビルにあるこの会社の名前を、日本中知らないものはいない。特に、社員食堂からの風景は、周期的に週刊誌のネタになるほどだ。大きなガラス窓から西を望むと、晴れた日にはくっきりと富士山が見える。そう語ると、知人はみんな「うらやましい、さすがエリート社員は違うわね……」と判で押したように言う。

「富士山なんて、毎日見てると吐き気がするようになるんです」。もう飽き飽きしたような口調で、ヒカルさんは私に訴えた。そうだろうなあ、山の頂上に登って雲一つないふもとの景色を見たところで、せいぜいもって三秒だ。「ああ、きれい」で終わってしまうだろう。こころから同感した私は、深くうなずいた。

ヒカルさんは、超有名で就職偏差値のトップであるその会社を、ある日突然に辞めたいと思った。しかし、どうしても決められないのでカウンセリングにやってきた。会社を辞めることくらいでカウンセリングに？　と思われても不思議ではない。では、なぜそのことが、彼女にとって大問題なのだろうか。

ヒカルさんが、A中学に合格すると、母はまるで自分の人生の絶頂であるかのように狂喜した。「ママはね、この日を待ってたの。すべてこの日のために我慢してきたのよ」。滂沱《ぼうだ》の涙を流しながら、凍えるような二月、曇天の空の下で、母はまるでオリンピックのマラソンでゴールインしたような表情をしていた。ヒカルさんがどんな表情をしているかなど、母の眼中にはなかった。そうか、ゴールインしたのはママだったんだ。ヒカルさんはその時、何かが腑に落ちる気がした。

「その時ですか？　よかったなあと思いましたよ、そりゃ。ママのためにここまでやってきたんだから、ほんとによかったってね。たしかに二人三脚でしたから」。ヒカルさんは遠い目をした。それからの中高一貫教育の六年間は、システム化された受験教育と表向き自由を重んじる校風の中で、難なくトップクラスの成績を維持することができた。

志望校を決める段になって「文系だったらもちろんT大の法学部に決まってるでしょ」と母は言った。「司法試験を現役合格する割合も高いし……」と流暢に語る母の口元を見ながら思った。母は、まるで私の人生の先導者であるかのように、ずっと先まで青写真を描いているのではないだろうかと。そのころから、母に少しずつ薄気味悪いものを感じるようになった。しかし現実の生活は、母の献身的な協力がなければどうしようもなかった。朝五時半に起きて栄養価の高いお弁当をつくってくれ、交友関係に干渉することもなく、勉強にかかる出費に文句は言ったことがなかった。同年齢の母親が、ジム通いやエステに関心を寄せる中で、母は孤高を保って禁欲的な生活に徹した。「もう少しおしゃれでもしたら」と言っても聞き入れない。「ママも生きがいを見つけてよ」と冗談めかしてやんわり文句を言ったら、ヒカルさんの部屋の本棚から『法学入門』を無断で持ち出して、マーカーで線を引き、結局終わりまで読み通してしまった。自分の頭の中にまで入りこまれるような気がしたが、できるだけ深刻に考えないようにした。そして「何だかところてんが押し出されるみたいに、T大の法学部に入ってしまったんです」。入ってしまったなどと言うには、あまりにハードルの高い大学に思えたが、ヒカルさんはつくづく嫌気のさした顔をしている。

Y講堂をバックにした、ヒカルさんと母が並んでピースサインをしている写真が、今でも居間に飾ってあるのだという。父親は、二人の後方でどこか恥ずかしそうな表情をしながら、まるで添え物のように写っているらしい。

どこまでもついてくる

生まれて初めての母への抵抗は、司法試験を蹴ったことだった。母はすでに入学式の帰途、司法試験合格を目指すサークルのチラシを何枚ももらってきた。それを見せられたヒカルさんは、「私はね、争いがきらいなの。わかるでしょ、あんな職業向いてないんだから!」と力説した。母をあきらめさせるために、約一年を要したという。司法試験をあきらめた母はそれでも、「うーん、そうねえ、じゃあ国家公務員かしら、財務省とか、そうか、雅子さまと同じ外務省とか。外交官なんていいわね、ヨーロッパに赴任したらママもいっしょに行っちゃおっかな!」と、まるでレストランでメニューを選ぶように、あれかこれかと子どもみたいに楽しげに迷っているのだった。

ヒカルさんは、どう説明していいのかわからない重い塊をのどもとに抱えるようにして、大学の四年間を過ごした。いっそ、単位を落として中退しようかとも思った。しかしそんな抵抗は、結局自分の首を絞めることになることもわかっていた。そして何より、あの母がどれほど娘のために狂乱するだろうと思うと恐怖が先立ってしまった。ヒカルさんは、母に相談もせず登山のサークルに入り、休みのたびにいくつもの山を縦走した。そして国家公務員試験の願書は書かなかった。

ある日、母が思いつめた顔でこう言った。「就職、どこにするつもり?」

ああ、ついにやってきた。そう思うと、心臓が張り裂けそうになる。ヒカルさんは、母に相談せずにある計画を立てていた。サークルの先輩がベンチャーで起業していたので、そこに勤めながら自分の実力を試して、四、五年たったらアメリカの大学院に行こうと思っていたのだ。そのことを告白すると、母は蒼白になり、唇を震わせながら言った。

「許さないわよ、どうしてそんなこと……。先の見えない人生なんて送らせるわけにはいかないでしょ、いったい何のためにママが生きてきたと思ってるの。だめよ、絶対だめよ」。涙を流しながら、それを拭こうともせずにまくし立てるのだった。ところが、その直後にけろっとした顔でおもむろに棚にしまってあった袋から取り出したものがある。「これはね、会社案内よ。ほら、ママがインターネットで調べてプリントアウトしておいたの。どれをとっても恥ずかしくない会社よ」「親戚のおじさんたちに聞いてみたけど、知らないひとはいなかったわ」

ずっしりと重いその資料を見て、ヒカルさんはめまいを覚えた。どこまで行っても、母のこの粘りつくような、執拗なまでの自分の人生への介入から逃れる方法はないのだろうか。ヒカルさんは、エネルギーが尽きる感じがした。

それからは、母のシナリオどおりに動いた。母といっしょに会社訪問の計画を立て、リクルートスーツを買い、いくつかの会社を訪れた。もちろん、母はヒカルさんの後から、絶妙な距離でついて行く。母親同伴と言われないための方策だ。中でも母が一番気に入ったのが、今の会社だった。聳《そび》え立つような白亜の社屋を見上げたとき、母は感じ入ったように「ああ、パパの会社とはずいぶん違うわね」とつぶやいたのだった。そんな母を見て、これで決まりだとヒカルさんは確信した。そうして、就職先は決定された、母によって。

入社して三年目を迎えるが、休みの日には、母がかいがいしく下着を洗濯してくれる。部屋は毎日掃除機がかけられ、夜には昼間干したふとんのぬくもりの中で眠る。駅から「今着いたわ」と携帯で電話すると、どんなに遅くても温かい夕食が用意されている。「ビールどう?」と勧められるままにコップを干すと、母はうれしそうに「ママも一杯もらっちゃおう!」と華やいだ声を上げる。「まるでオヤジのような毎日でしょ」と、ヒカルさんは低い声でつぶやいた。

「ときどき、夜中に目が覚めるんです。そんなとき、ふっと母を殺したくなっちゃう自分がいて、それがこわくて……」。このことを他人に話したのは初めてだと言いながら、ヒカルさんは激しく泣いた。体重が漸増《ぜんぞう》するのと比例するかのようにますますエネルギー値が高くなる母は、娘が今どれほど苦しんでいるかについて想像も及ばないだろう。私は長年の経験から、こんな母娘の悲劇的関係は少しも珍しくない、と確信している。

母と娘の「運命共同体」

アルコール依存症の父

私は、長年アルコール依存症の治療にかかわってきた。父の酒の飲み方に問題がある家族は実に悲惨だが、その不幸は明確でわかりやすい。たぶん、アルコール（エタノール）という薬物を摂取することで引き起こされる変化が、明確な輪郭を持っているからだろう。不幸とはきわめて主観的なものであるが、それは「できごと」として言語化され物語られて、はじめて他者に伝達可能になる。たとえば、「ビール瓶を振り上げて、母に殴りかかる父の顔」「深夜に帰宅する酔った父のおぼつかない足音」などのように。

いっぽう、一見何の問題もない家族に育つ子どもが感じる不幸は、伝達が困難である。できごとの輪郭が曖昧なために、なかなか言語化できず、他者に理解されにくいからだ。

四一歳の一人の女性が、母との長い歳月をどのように生きたかを述べてみよう。何冊もの本を読んで自分の父がアルコール依存症だったと判断できたことで、彼女は初めて遡及《そきゅう》的に自分の育った物語を語りたいと思った。それをカウンセラーの私に伝えるためには、記憶を総動員しことばの貯蔵庫を活用しなければならなかった。彼女の悪戦苦闘ができるだけリアルに伝わるように、娘である彼女の立場に立って読んでもらうために、一人称による語りで述べることにする。

孤児願望

私は、両親と腹違いの姉たちと兄の、六人家族に生まれました。母は後妻でした。父の前妻が死亡してすぐ嫁いだのです。父は何代も続いた旅館の次男でしたが、長男が戦死したので跡を継ぎました。お盆のとき、お坊さんがお経をあげに来るのに、母が同席しないのはなぜかと思っていました。床の間には、毎年お盆の三日間だけ、地獄の血の池の掛け軸が掛けられるのですが、おどろおどろしい赤色が怖くてよく眠れなかったことを覚えています。

父は旅館の跡を継ぐのが本意ではなかったせいか、私が幼少のころから、よく酒を飲んでいました。飲み方が変化して依存症のようにひどくなったのは、父の自慢の娘(長女)が結婚に失敗して戻ってきてからです。私は小学二年でした。両親の喧嘩も増え、今で言うＤＶをふるう父が怖くて、すぐ上の姉とミシンの陰に隠れて、毎日のように泣いていました。小学生の私にとって「いいこと」は、父が酒を飲まないことでした。「いいこと」はいつ起きるかわからないので、期待したり喜ばないように、感情をいつもコントロールしていました。なぜなら「悪いこと」のほうが多く、期待すれば裏切られて、絶望することになるからです。こうして期待を捨てたせいなのでしょうか、父の飲酒で苦しんだ記憶は少なく、カウンセリングに来るまでは父はいい人だと思っていました。大好きな本は、『赤毛のアン』でした。どこかに、孤児願望があったのでしょう。血のつながりから抜け出た子どもであるアンが、うらやましかったのです。そのいっぽうで、小三のときの作文には「スミレのような母」と書きました。今になって考えると、父ばかりでなく母も理想化することで、私は生きてきたのです。

先妻のことはなぜかタブーだったので、小五までは、兄や姉も全部母の子どもと思っていました。ところが、母の実子は私だけだったのです。何かのきっかけで、戸籍謄本を目にしてはじめてわかりました。

父のアルコール依存症がひどくなるにつれて、それまでは下女のように扱われていた母の力がだんだん増してきたような気がします。旅館の切り盛りも、母が采配をふるい始めました。それと並行して、なぜか兄や姉の不幸が次々と起こりました。兄は大学受験に失敗をしてから、毎晩家をあけるようになりました。姉は、ふとったかと思うとひどくやせ細り、町の病院に入退院を繰り返していました。当時はわからなかったのですが、たぶん、摂食障害だったのではないでしょうか。まるで、父のアルコール問題が呼び水になったように、家族が崩壊していったのです。家族なんて脆《もろ》いものだ、といった醒めた感覚を、もうすでにそのころから持っていたように思います。

男になりたい

私が中学に入ると、兄や姉は一人ずつ家を捨てるように出て行きました。残されたのは、母の実子である私だけでした。このころ、部活で剣道部に入りました。ひたすら「男になりたい」と考えていたからです。服装も自分なりに男装を心がけていました。それは二〇歳まで続いたと思います。今から思うと、女性としての成熟を拒否したというより、自分が男になって母を守りたい、そのために強くなりたかったのだと思います。

高校生になったとたん、兄が突然「家を継ぐ」と言って会社を辞めて戻ってきました。切り盛りしていた母との間で旅館の経営権を争い、酒に酔っている父と実権をわたさない母に対して、兄は毎晩激しい暴力をふるうようになりました。私は仲裁に入ったり、母を慰めたりの毎日で、勉強する時間はほとんどありませんでした。ある日のこと、思いつめた顔で母は「お前どうする」と私に聞いたのです。そのとき、きっぱりと迷わずに「家を出る」と答えたことが、その後の私の人生に重くのしかかりました。私が家を出ることを選んだのだ、という責任を感じてきたからです。今から思えば、母の離婚のために、打ち上げロケットの発射台として利用されたのでしょう。発射台は地上に残りますが、私はそのままロケットについていってしまったのです。私がそうすることを百も承知で、母はあの質問をしたに違いありません。そして、母は離婚しました。

それからの母と私は、まるで「運命共同体」でした。二人で上京しましたが、年齢的に仕事も少ないので苦労する母をみて、私は夜間大学に通い、昼間は働きました。せまい六畳間に二人で暮らすだけで、必死だったのです。二三歳になったある日、帰ったら部屋に父が座っていました。なれなれしい態度で座っている父に、母はビールのお酌をしながら、媚びた目つきを隠そうともしません。なぜ父がアパートに来たのか、その後どうなったのかは、母も語らず今でもわからないままです。しかし、そのときはじめて、私と母は父に対して異なる感情を抱いていることを知ったのです。母とのわずかな亀裂を感じたできごとでした。

二六歳で結婚しました。夫は、母との同居を快く承諾してくれました。それが結婚の条件でしたし、そのことに疑いも持たなかったのです。新婚一週間目に、夫は「もう限界だ」と私の前で泣くのです。ずっと後で夫に聞いたのですが、母は私のいないところで「あの子のことは誰よりも私が知ってますから」と下手に出たかと思うと、「あなたが私と娘との仲を引き裂いたようなもんだ」と脅していたようです。夫と別れたくはなかったので、勇気を出して母に別居を提案しました。別居して二年後、母はうつ病になり、主治医が一人暮らしは無理と言うので再同居することになりました。別居させられたことを、心底母は恨んでいたのでしょう。死ぬ間際まで「あのときのことを忘れちゃいないだろうね」と、まるで切り札のように私を脅かすのでした。そのたびに、罪悪感が湧き、どんよりとした無力感におそわれるのでした。

スミレから妖怪に

二人目の子どもが小学校に入ったころから、仕事が終わって帰宅することが少しずつ苦痛になってきました。家に帰っても居場所がないような気がして、コンビニで時間をつぶして帰るようになったのです。ときどき、母に対してわけのわからない苛立《いらだ》ちを覚えるようになったので、いろいろな本を読みました。そして、自分はアルコール依存症の家族に育ったのだと自覚しました。それがカウンセリングに来るきっかけになりました。相変わらず不仲な母と夫でしたが、それまでは、母に対する夫の無理解が原因であり、私は夫と母の間で股裂き状態になっていると思い込んでいました。でも、カウンセリングに来て、実は私と母との関係に問題があることに気づいたのです。それからは、まるでドミノ倒しのように、母との物語が次々とひっくり返っていきました。

母の前にいくと、私はまるで磁場に入ったようになってしまうことに気づきました。夫や子どもとは仕付け糸でつながっているのに、母に私は太いロープでしばられているのでした。たぶん、幼少時からずっとそうだったのです。たった一人の実子である私を手放さないために、母は呪文をかけたのかもしれません。はじめてその磁場から離れようと思ったとき、母はまるで妖怪のように見えました。抜けられないほど強い引力を感じ、無力感と罪悪感いっぱいの私は動けなくなり、抵抗できなくなりました。そう、あの無力感は、父が酔って荒れ狂ったときに感じたのとそっくり同じでした。

今では、夫に対して心よりすまないと思っています。あの母といっしょに暮らしてくれたのに、私は不満まで抱いていたのですから。妖怪だと思ってからは、母と距離をとるように努めました。すると母は、こんどは子どもたち（孫）に近づいていくのです。まるで私の代理として手なずけるかのように。頼まれもしないのに、孫の部屋を掃除して「めんどうみてやった」「世話をしてやった」と口癖のように言うのです。二人の子どもがそんな母をクールにあしらっているのを見て、私はこころからほっとし、よくぞ育ってくれたという思いでいっぱいになりました。

一ヶ月前、母は突然脳梗塞で亡くなりました。カウンセリングでいろいろ整理できていたせいか、葬儀を無事済ませて、落ち着いて見送ることができました。不思議と、涙は出ませんでした。

遺品を整理していたら、私に掛けられた生命保険の証書が出てきました。受取人は母になっています。あのひとは娘が死んでからも生きるつもりだったのです。驚くより先に、思わず笑ってしまいました。娘の人生を自分のためにとことん支配し、おまけに保険金まで掛けていたとは。もう、あっぱれと言うしかありません。その夜、不思議な夢を見ました。超高層ビルのエレベーターの前で、私が裸足の母をおぶって立っているのです。足元には、母のぞうりがきちんとそろえられています。チンと音がして大きなエレベーターが開くのですが、私と母は乗らないままで、扉が閉まるのを黙って見送るのです。そこで目がさめました。なぜか、涙が流れていました。

母のお墓を

彼女が、母との磁場を離れて生きるためには、何が必要だったのだろう。たった一人の血のつながった娘は、結婚・離婚と続く母の人生の防波堤であり、保護者でもあった。中年女性が世間の荒波を生きていくためには、さらなる弱者である娘をまるで分身であるかのように仕立て上げ、呪文をかけて自在に操ることが必須であったのだ。カウンセリングを通して、このように母の人生を了解できたとき、母は亡くなった。しかし、彼女は母を許したわけではない。死ねば、すべてが水に流せるわけでもない。でも、「母の人生はあのようでしたが、私は別の人生を生きるんです」と彼女が言い切ったのを聞いたとき、何かが新しく始まる気がした。

その後しばらくして、彼女は母のためにお墓を購入した。保険を解約したお金をそれに充てたのだ。

息子を見上げ、娘を見下ろす母

変わらない母親像

多くのひとたちは、母子関係ということばを聞いて何をイメージするだろうか。西欧のルネッサンス以降の母子関係は、しばしばキリストと聖母マリアの像をその表象としてきた。ラファエロの聖母子像は眺めているだけで、そこから幼い存在を包み慈しむ母の愛が漂ってくるようだ。日本では、たとえば慈母観音像が母親の表象とされてきた。江戸時代の浮世絵にも、母の乳房をもてあそぶ子どもの姿が描かれたりする。明治以降の日本文学ではさまざまな母親像が描かれてきたが、西欧に比べると、崇高さよりもっと別の要素が強調されている気がする。二一世紀になってもそれは変わらないままだ。たとえば、ベストセラーになったリリー・フランキー著『東京タワー――オカンとボクと、時々、オトン』（扶桑社、二〇〇五）で描かれるのは、軽妙な筆致の新しさにもかかわらず、実に古典的な母親像である。貧しくてもけなげに息子を信じて生きる母の姿は、山手線の田町駅近くに立っていた、笹川良一が年老いた母を背負っている銅像とつながってはいないだろうか。実に雄弁に、日本の母と息子の関係をもの語っているその銅像を、よく見てみよう。息子は誇らしげでどこか恍惚としているが、母を慈しみながら、同時に幼子のように庇護して可愛がっているようにも見える。私はそんな視線を、以前に見たことがある。

母と息子と口紅

十数年前のことだ。師走の夕方、私は駅前の大きなスーパーマーケットの化粧品売り場で、ハンドクリームを買おうとしていた。隣に立った一人の中年男性が、化粧品を選んでいる。当時、化粧品売り場に男性が立ち寄るのは、女性へのプレゼントを探す以外考えられなかった。妻か愛人か、どちらへのクリスマスプレゼントだろうと想像しながら彼の隣をよく見ると、一人の腰の少し曲がった白髪の女性が立っている。その男性の陰に隠れるほど小さく頼りなげだ。

「どの色がいいの？」彼は身を折るようにして彼女の耳に口を近づける。耳が遠いのかもしれない。どうやら口紅を選んであげているらしい。「かあさんの好きな色を選んだらいいよ」

七〇代半ばに見えるその女性は、彼の母親だった。そう言われて、母親がうれしそうに見本の口紅の一本を指差すと、若い女性販売員が、母親の手の甲に紅筆でその色を塗った。「直接塗ってやってくれませんか」彼は販売員に頼んだ。彼女は笑顔でうなずき、白髪混じりの母親の唇に、あごを手で支えながらくっきりと紅を塗った。「かあさん、きれいだよ」コートを着たネクタイ姿の息子は、遠目で母を見つめ、心底うっとりしたようにつぶやいた。

肝心のハンドクリームの買い物はどこへやら、私の注意はすっかりその親子に向けられてしまった。あまり見つめるのも気がひけるので、それとなく観察するのに苦労したほどだ。小柄で腰の曲がった母親は、白髪と対照的なくらい鮮やかな真紅の口紅を塗った顔を、息子のほうに「どう?」とばかりに向けた。男性は母の髪を撫でながら無言のまま大きくうなずき、「これください、あ、それからこれに合うファンデーションも」と注文した。彼の目は少しだけ涙ぐんでいるように思えた。そのメーカーでは一番値段の高い口紅とファンデーションを、彼は惜しげもなく母に買い与えたのだ。

老人介護施設に入所している母親のもとを訪れて、いっしょに買い物をするために外出したのだろうか。それとも外国駐在から一時帰国して、一人暮らしの母を訪ねたのだろうか。妻と母の関係がうまくいかず、やむを得ず一人暮らしをさせている母のもとを訪ねたのだろうか。いつもの癖で、その親子をめぐっての想像がフル回転し始める。でも、会った瞬間の私の直感が正しければ、たぶん彼は独身だろう。とすれば、いっしょに暮らせない何らかの理由があるのだろう。だからこそ、クリスマス前のひとときを過ごすために、母と買い物にやってきたのだ。そう納得している私の横を、二人は通り過ぎていく。男性は、母の肩を抱きかかえるようにゆっくり歩いている。自動ドアの出口に向かって左に曲がる瞬間、母親を見つめる彼の視線を私ははっきりと眺めることができた。彼の目には、母親以外の存在は映っていなかった。まるで恋人を見つめるように、恍惚として、目の中に入れても痛くないかのように母だけを見つめていた。

二人が視界から消えてからしばらくのあいだ、私は少しだけ感動していた。彼が母を思う気持ちに心打たれたからだ。でもよく思い返すと、二人だけの閉ざされた世界は、周囲を拒絶した濃密な空気に満ちていた。そして、母親の白髪と真紅の口紅はどこかグロテスクなコントラストを描いてはいなかっただろうか。それを恍惚として見つめる息子の視線は、じっとりと湿り気を帯びていた。母親思いの息子という美談からはみ出る何かが、私の中に違和感を生んだ。いまだに記憶が生々しいのは、そのせいかもしれない。

反面教師としての父

リリー・フランキーの作品に登場するオトン（父親）は、酔っ払って暴力をふるい時々現れる存在でしかないが、明らかにオカンの寿命を縮めている。そんなオトンがいたから、あの化粧品売り場で会った息子のどこか異様な視線は生まれたのではないだろうか。

彼らの思いを、私なりに代弁してみよう。

「母を罵倒しながら労働力として酷使する父を、自分はずっと憎んできた。おまけに浮気まで繰り返す父親は、母の迫害者でしかない。苦しむ母を見ながら、一日も早く大きくなって、あの父から母を救い出したいと思う。母を救えるのは、あの愚かな父と対抗できるのは、息子である自分しかいない。母にとっては自分だけが庇護者であり、唯一無二の男性なのだ」「しかし、自分は結婚してしまったので、母を究極的に救うことはできなかった。母と手に手をとっていっしょに逃げたわけではないからだ。それに、自分は父と同じ男性であり、あの父親の血を受け継いでいるのだ」

このような、母にとって唯一無二のかけがえのない存在であるという意識と、根深い罪悪感と自己否定感は、彼が母にとって異性である子どもであることに由来する。彼は、母でない女性と結婚せねばならず、そのことで母の最終的救済者になれないからだ。しかも、父と同じ性であることで、同じ轍を歩む危険性に怯えなければならない。

自分より弱者であり、決して自分を否定せず必要とし続けてくれる母は、どこか少女と似た存在である。母への罪悪感は、裏返せば「自分だけが母を救える」という対象への万能感を意味する。あの息子から母への視線に見え隠れした陶酔感は、男から少女たちに向けられるそれと共通していないだろうか。タブー化されることで、母への性的欲望が脱色されているぶんだけ、より精神的に純化された視線だ。だからこそ、彼らは安心して母を庇護し愛玩するように見つめるのだ。

そんな息子の視線を母親は、知悉《ちしつ》して利用しているのかもしれない。そうすることで、自分を抑圧する夫と対抗でき、嫁を支配することが可能になるからだ。息子の庇護と愛玩を得ることで、母親は家族内で権力関係の上位に位置することができる。そのためには、時には、演技的とも思えるほどの弱者ぶりをアピールする必要がある。まるで少女のように、それも老いた少女を、母たちは見事に演じ切る。白髪と真紅の唇は、彼女たちの演技を象徴しているようだ。しかし、母親が示す弱者性はしたたかな生存戦略のあらわれであり、ほんものの少女とは大きく異なる。なぜなら、少女は弱者そのものだからだ。

このように、老いを逆手にとって少女のような弱者性を演じることで、母は息子にもねり、あの母のように、息子を見上げ甘えて利用するのだ。

母の使い分け

これが娘だったらどうだろう。かけがえのない存在という意識は、息子の場合とそれほど違いはないだろう。

異なる点は、三つある。一つ目は、娘は母と同性であることだ。娘の結婚は母との関係を阻害するどころか、女の人生の先達である母の地位を高めることになる。二つ目は、息子が父と対抗して母を庇護するときの視線が俯角なのに対して、娘のそれは仰角であることだ。強い男が弱い母を守るという構図と、弱い母を苦しめないように、さらなる弱者として母の期待どおり母を支えて生きる娘との違いである。母たちは見上げておもねる息子と、見下ろし支配する娘とを巧妙に使い分けている。息子に対しては、かけがえのなさを強調して庇護欲求を刺激するが、娘に対しては、罪悪感を適度に刺激することで「母を支え続けなければならない」という義務感を植えつける。娘はこうして母の支配下に組み込まれ、だからこそ母の存在が重くのしかかるのだ。三つ目の違いは、母がどこまで自覚的であるかだ。息子の利用については、弱者であるからこそ、母は自覚的である。庇護やケアを引き出さなければならないからだ。しかし娘に対しては、彼女たちは自覚的だとは思えない。自分と同じ性であり、息子のように結婚によって妻というライバルが現れるわけでもない。また娘が経済力をつけることで、力関係が逆転する可能性も少ない。人生の先輩である母に、永遠に娘は追いつくことはできない。こうして母は娘と距離をとる必要など感じることもなく、強者として支配する側に位置し続けるのだ。

陶酔と恍惚感に満ちた視線を母に向けるあの中年男性と、息もたえだえに母を支える女性とはあまりに違いすぎる。なぜ娘たちは、母親を重く感じるのだろうか。息子たちとの三つの違いが明らかになったことで、この問いに対する答えが見つかったような気がする。

気がつけば、落とし穴

母の選んだマンション、そして合鍵

どうも昨晩食べたカキフライのせいらしい、とエミコさんは考えた。吐き気と下痢が止まらない。この冬流行のウイルス性の風邪かもしれない。でも、会社を早退して自宅に帰ることを考えると、気分が重くなる。母がどれほど心配するかがわかるからだ。体調には触れず、仕事の都合で今夜は食事はいっしょにできないことを、母にケータイでメールした。

エミコさんは、自宅から徒歩五分もかからないマンションで、一人暮らしをしている。大学四年の夏、就職が決まったお祝いとして、母が選んでくれたマンションだ。「これからは独り立ちするんだからね、エミコも！」と言ってから、母は父と相談してこっそり計画を立てていたらしい。エミコさんは、自分から一人暮らしを言い出したわけではない。母からチラシを見せられ、建設中のそのマンションを親子三人で眺めながら、両親の晴れやかな顔に少しだけ複雑な思いがした。でも、「私のためにお金を使ってくれたんだ」と考えるようにした。エミコさんはそれまでもずっと、どんなことも親は自分のためにやってくれているのだと考えるようにしてきたからだ。

母は、当然のように合鍵をつくった。事後承諾だったが、エミコさんは再び「私のためにやってくれた」と考えようとした。

入社式の当日、朝六時半に突然マンションのドアが開けられた。驚いて起きたエミコさんの枕元には、すでに両手に食料を抱えた母親が立っていた。

「ちゃんと朝ごはんを食べないと、式のあいだにおなかが空いちゃうでしょ」

母は冷蔵庫からベーコンを取り出して、ベーコンエッグを焼き、自宅から大量に持ってきた野菜を使って、サラダを手際よくつくり上げた。バゲットをトースターで軽く焼き、そこにバジルソルトを振りかけている。狭いキッチンは母に占領され、エミコさんが歯磨きをしてシャワーを浴びているあいだに、すっかり朝食の準備は整っていた。もちろん、出かけた後のマンションは、きれいに母が片付けてくれたのは言うまでもない。

体力満点の母

エミコさんが学生のころから、母親は週二回休まずジムに通っている。そのせいか、持久力はエミコさんよりずっと高い。ＪＲの駅の階段を一段おきに駆け上がるのが、母の自慢だ。エミコさんが息を切らしているのを「若いのに情けないわね」と高笑いして、階段の上から見下ろすのだ。

エミコさんは、三五歳の今でも、料理がまったくできない。ごはんくらいは電気釜で炊けるが、まな板で大根をとんとんといちょう切りすることもできない。レストランでおいしいイタリア料理を食べた後、自分でつくってみようとしても必ず失敗する。母は「ほんとにあなたは不器用なんだから」と嘆く。たまに「ママ、私も料理の練習しなくっちゃ」と宣言して夕食にとりかかるのだが、傍で見ている母が、あまりに手際の悪い娘にがまんできなくなって、「ああイライラする、どきなさい、私がやるから」と代わることになる。

どうしてこの母親から自分のような不器用な娘が生まれたのだろうと、情けなくなってしまう。会社の友人が料理教室に通うというので、自分も行きたいと母に告げたら、「ママが教えたげるわよ、お金がもったいないからやめなさい」と言われ、それもそうだと納得した。実際、エミコさんは、母親の料理の腕は天下一品だと思っている。何をつくらせても手早く、おまけにおいしい。父親は若いころから「ママみたいなひとと結婚して損したよ、だってどんな高いレストランに行っても、ママの手料理よりおいしいものはないからね」と語るのが常だった。昆布とかつおでダシを取ることから習い始めたのだが、途中で母は音を上げた。「もう、どうしてそんなに要領が悪いの」とあきれ果てたように言われ、すっかり自信をなくしたエミコさんは、それから料理を習おうという気力もなくなった。

両親は、娘のエミコさんから見ても仲がいい。喧嘩をしたところは見たことがない。こんな夫婦になれるなら、結婚も悪くないかなと思っている。五年前に父親が定年退職してからは、いっしょに行動することが増えた。まるで待ち構えていたように、母は父を謡曲の先生のところに連れて行き、週一回はいっしょに習っている。月一回はお能を観に行っているようだ。父は、それ以外にも日本語教師の講座に出て、外国人相手のボランティアをやっている。母はもともと地域に根を張っていて人脈も豊かだったが、そこに父を取り込むことで、さらにネットワークを拡大したかのようだ。

母は、父がメタボリックシンドロームではないかと心配し、毎朝いっしょに散歩を始めた。それからというもの、両親は朝食をエミコさんのマンションで食べるのが習慣になっている。もともと夕食は実家で食べていたので、一日二食を両親と食べることになった。「パパと二人で公園を散歩して帰ると、ちょうどエミコの起きる時間なのよ、ほんとにいいところにマンションが見つかったわ」朝食の準備をしながら、楽しそうに母は語る。父は、エミコさんの購読している新聞を読みながら、「行ってらっしゃい」と出勤する娘に声をかける。マンションのドアを閉めて駅に向かって歩きながら、いつも複雑な思いにかられる。

未来の設計図

エミコさんは、結婚をしたいと考えている。両親もそう願っているはずだ。でも「こんな娘じゃお見合いを頼むわけにもいかない」とこぼすのも、母親だ。料理もできない、掃除も母任せ、買い物もいつも両親といっしょ……そういえば、旅行も親以外と行ったことはない。いつか両親がいなくなることを思うと、心底不安だ。親がいなければ、何もできない自分は、どうやって生きていったらいいのだろう。かといって、料理ができなければ、母の言うとおり結婚相手は見つからないに違いない。こんなに手のかかる娘を、まるで家政婦のように面倒をみてくれる母に対して、心から申し訳ないと思う。

結婚を望むいっぽうで、エミコさんは、疲れて帰宅するとき、温かい手料理、ほこり一つない部屋、洗濯物がキチンと収納されたたんすを思うと、この生活を手放すのもこわくなるのだった。夫が留守のとき、一人で夕食を食べるような寂しい生活は、想像もできなかった。

夕食を先に食べてほしいとメールしたら、珍しく「エミコが帰るまで待つわ」と返事が入った。会社の近くの診療所でもらった薬を飲んで、結局いつもの時間に家に着いた。

両親はいたずらっぽい顔をしながら口を開いた、「こんどこの家を改築することにしたよ」。何の相談もなく両親で決めてしまい、事後報告されることには慣れていたが、実家の改築と聞いてさすがに驚いた。

「これこれ、ね、ほら設計図にはエミコの部屋もあるのよ」母はいそいそと、食卓ごしに一枚の設計図を広げて手渡した。そこには、素人のエミコさんにもわかる二世帯住宅の図面がある。「これって……?」と一部分を指差すと、父親は自慢げに言った。

「だっていつかは歩けなくなるかもしれないだろ、そんなときはエレベーターがあったほうが便利じゃないか」

とたんに、エミコさんの脳裏に浮かんだのは、介護が必要になった両親を独身のままの自分が看取っている姿だった。エレベーターで昇り降りする、車椅子に乗った母親を、今度は自分が面倒みているのだ。おそらくそんな自分に結婚相手など見つからないだろう。つまり、今の両親との安楽な生活の帰結は、両親の介護でしかないということだ。そんな覚悟もないまま、「私のために尽くしてくれる親」と思い込もうとしてきた自分に、腹が立った。それと同時に、ここまで面倒をみてくれたのに親の介護から逃げたがっている自分が恩知らずと思え、そんな自分を嫌悪した。「そうそう、この家の名義はパパとママ、それとエミコよ」、このことばが決定打になった。三人の名義? エミコさんはマンションからこの家に戻り、ずっとローンを背負っていくことになるのだ。

食欲もないまま、トイレに駆け込み吐いた。ただならぬ様子にいち早く気づいた母は、「だいじょうぶ?」と血相を変え、ドアを開けて背中をさすろうとした。その途端、これまでにない気持ちが湧いた。「ひょっとして私はハメられたんじゃないだろうか」と。

さすがにそのことばは飲み込んだが、収まりそうもない吐き気を感じながら、蒼白な顔でこう言った。「お願いだから、パパとママが決めるまえに、ひとことでいいから相談してくれる?」

それに対して母は眼を見開いてこう言った。

「だって、エミコみたいな世間知らずに、苦労させるのはしのびないじゃない」

エミコさんの目からは、突然涙がこみあげた。それは吐き気のせいだけではなかった。

Ⅱ 自分の不幸にふたをして

恨みと怒りのオーラ

これまでは、娘たちがどのように母を支えてきたか、どのように母から逃れようとしてきたかを、カウンセリング経験を交えながら描いてきたが、そろそろ彼女たちの母親についても述べなければならないだろう。娘から見れば、不可思議で巨大な、時にはこのうえなくかわいそうな母親たちは、一体娘との関係をどのように考えているのだろう。娘たちの圧《お》しつぶされそうな嘆きから視線を母親に移すと、そこには一筋縄ではいかないさまざまな母親たちの姿がある。次に、その中でも一番わかりやすい母親を描いてみよう。

タマキさんは、三年ぶりにカウンセリングにやってきた。以前の問題は次女の摂食障害だった。さいわいに次女の症状は収まり、今では関西の小都市でＮＰＯ法人の活動をしている。

今回タマキさんがやってきたのは長女の問題のためだった。六一歳の彼女は、数年ぶりだが外見はほとんど変わらず、せかせかと忙しげだ。白髪が少し増えた気もするが、大きなバッグに資料をどっさり入れて、研究所の帰りに立ち寄った様子だ。

父を早くに亡くした彼女は、若いころから自分の弟と妹を働きながら養ってきた。成績がよかったために、奨学金で大学院まで進み、ずっと企業付属の研究所で働き続けてきた。しかし、母親はそのことを一切感謝せず、当たり前だと言い募りながら亡くなった。四〇歳の彼女は、母を看取りながらひどく裏切られた気分になった。

若いころから権利意識に燃え、就職してから女性の労働条件を勝ち取るために組合運動に参加していたタマキさんは、組合専従だった夫と知り合った。思想的にも共鳴し、ともに人生を歩んでいけると期待しての結婚だったが、その後大きく期待は裏切られていくことになる。夫は、実家の母や同胞を養う妻に対して文句を言うことはなかったが、その代わりいっさい何の支援もしなかった。二人の娘を育てながら働く妻に対して、家事や育児の分担を申し出ることもなかった。タマキさんの母が亡くなると同時に、夫は経営が傾いた会社をリストラされてしまった。実家への援助が終わったタマキさんは、こんどは二人の娘と夫を抱えて、一家の大黒柱として働くことになった。家事を手伝ってほしいと文句を言うと二ヶ月以上も沈黙を続ける夫、ときどき求人広告を見て働くが、プライドが高く一週間と続かない夫に、タマキさんはいつのまにかあきらめを抱くようになった。

次女の摂食障害に困ってカウンセリングに来た当初、タマキさんの全身からは恨みと怒りのオーラが出ているようだった。まるで次女が観察対象であるかのような仔細な説明と、夫について語るときの吐き捨てるような口調が忘れられない。そして、娘の問題について夫と協力することなど無理だと断言した。

「娘はうつじゃないでしょうか」

長女は次女に比べるとしっかりしており、まったくあてにならない夫に代わって家事を手伝ってくれた。成績も良好で、大学も第一志望に合格した。自分から通いたい塾を探してきて、タマキさんに頼み込んで勉強したほどだ。長女に関して手がかかったという記憶は、一切ない。次女は、そんな長女に対して強烈なコンプレックスをもっており、摂食障害の症状が激しかったころは長女をしばしば攻撃した。それでも長女はじっと耐え、母に訴えることはなかった。証券会社に就職してからは、残業続きの仕事をこなした。

長女が二九歳のとき、結婚をしたいひとがいると報告を受けた。タマキさんは、相手の年収、結婚後のライフプラン、自分たちと同居できるのか、といった質問項目を書いた紙を娘につきつけた。それを見たとたんに、長女は初めて怒り、タマキさんにこう言った。

「ママは私に幸せになってほしくないの？」

涙を浮かべた長女の顔を見ながら、タマキさんはこう考えた。最初が肝心、男は結婚したら必ず変わってしまうものだ、だから言質《げんち》をとっておかなければ、と。そしてこう言った。「だって、いつも最悪を考えてなくっちゃ、だまされるに決まってるじゃない」

その後、いっさい結婚の話をしなくなった長女は、ますます仕事量が増えた。帰宅は深夜になり、朝は六時半に起きて出て行く。そして今年三六歳になった長女は、この半年ほどタマキさんと一切口をきかなくなってしまった。

「先生、娘はうつじゃないでしょうか」タマキさんは、持参した資料をカバンからがさがさと取り出しながら、早口で言った。資料の中には、携帯で撮った長女の部屋の写真、長女の帰宅時間を記録したノート、二九歳の結婚騒動のころからの簡単な経過のメモなどが含まれている。

「これ、お嬢さん承知してますか」と写メールの画面を指差すと、びっくりした顔をする。タマキさんにとって、長女の部屋は出入り自由なのだ。「ノックしないんですか」

と私があきれた顔をすると、「どうして娘の部屋なのにノックが必要なんでしょうか」と逆切れされそうになった。ところがその直後に「そうですよね、三〇を過ぎた娘の部屋に勝手に入っちゃいけませんよね、私がこうだから娘もいやになったんでしょう」と、私の意向を先取りしてしおらしい顔を見せるのも、かつてのタマキさんのままだ。部屋が片付けられない、母親を避ける、帰宅が遅い、日曜は昼まで寝ている、時々見かける顔が疲れている。以上が、タマキさんが娘をうつと診断する理由だ。これだけでうつだと判断されたら長女はどう思うだろう。しかし口には出さず、いちおう冷静に、長女はうつだと思えない、本人からの訴えもないのに、母親が先取り不安をしてうつだと騒ぐことはむしろマイナスだ、自分の体調をまず心配すべきだろう、と伝えた。タマキさんは昨年の夏、左足の動脈瘤で一ヶ月入院しているのだ。

結婚して家を出て、出産してもどってほしい

聞かずもがなと思ったが、夫はどのような態度をとっているのかを尋ねた。「もう話にもなりませんよ、娘のことなんか心配じゃないんでしょ。ときどき娘が『パパ、昼間は公民館の講座に出てるみたいよ』と教えてくれますけど、いったい何をやってるんだか」

タマキさんは、神経質に机を人差し指でトントンと叩きながら語った。このことばに

よって、長女は、以前より話しかける回数が減っただけで、実は父親のことを母親に伝える伝書鳩の役割を相変わらず続けていることがわかった。それを詰問すれば、さらにタマキさんを追い詰めることになると思い、私はため息まじりにたずねた。

「いったい、お嬢さんにどうなってほしいのですか」

わが意を得たりとばかりにタマキさんの口から出てきたことばは、想像以上の内容だった。

これまでと同様に、日曜の午後はスーパーの買い物につきあってほしい、食費を三万円から五万円に増やして家計に入れてほしい、「ただいま」と言って帰宅してほしい、部屋をきれいに片付けてほしい、もっと早く会社の仕事を切り上げてほしい、どうせ女子社員のことなんか歯牙にもかけない会社なんだから、忠誠を尽くすことなんかない、もっと自分の生活を大切にしてほしい……。

そして、要求はさらに続く。結婚してほしい、結婚してこの家を出てほしい。そしてまだ間に合うので子どもを生んでほしい。その間に二世帯住宅に建て直すので、完成したらもどっていっしょに住んでほしい。

話しながらタマキさんは、自分の要求が法外だとは思ってもいないようだった。むしろその逆だ。「今の会社はほんとにひどいところですよ、結婚して子どもを生んだら、私が面倒見てやらないと働き続けられないでしょ」「あんな汚い部屋に寝起きしていると、健康も心配です。こっそり片付けちゃおうかと思うんです。ダニでアトピーがひどくなりませんかねえ」「娘をカウンセリングに来させるようにするにはどうしたらいいでしょうか」

「娘を心配する母」という安全地帯

タマキさんは、自分のことを娘思いの母親だと考えている。自分の体は差し置いて、とにかく娘のためにとカウンセリングにやってきたに違いない。その大きな声を聞きながら、長女はたまらないだろうと私は思った。母からの監視のまなざしが隅々までいきわたり、いつも「最悪の事態」を想像されるなんて、息が詰まるだろう。ずっと母親と父親の間に立って気をつかい、母の結婚生活に対する呪詛を敏感に感じとってきた長女は、タマキさんのそんな期待を十二分に汲み取っているに違いない。だから身動きできなくなったのだ。脱出することもできず、かといって期待に添うこともできない。

タマキさんにとって、自分の人生を正当化してくれるものは、「娘を心配する母」というポジションだけなのだ。夫は期待の圏外に去り、親への恨みは晴らされないままだ。研究者の仕事は先が見えていて、女性としての限界を突きつけられている。娘を心配してさえいれば、夫のことは直視せずに済み、親への怒りも保留にできる。こうして自らの不幸にふたをし、問題のある長女のことを心配しているよき母の位置だけが、タマキさんにとって何より安住できる場所なのではないだろうか。多くの資料をあわててカバンに入れて、そそくさと部屋を出て行く後姿を見ながら、私は思った。

団塊母の苦しみ

ロマンティックラブイデオロギー

本書で、母親世代として私が念頭においているのは、団塊の女性だ。狭義には昭和二二年から二四年生まれ、広義には二一年から二五年生まれを指している。団塊世代の大量定年退職を迎え、マーケットとしてもおいしいと判断されたのか、団塊論や団塊向けの雑誌創刊が目立っている。しかしその論調に、私はいつも違和感をおぼえてきた。なぜなら、対象とされるのはいつも団塊の男たちなのだ。

団塊女性を正面から論じたものに『団塊世代・新論』（天野正子編著、有信堂高文社、二〇〇一）がある。そこには、団塊の男たちが高度経済成長期の最後の恩恵をこうむり、その後もバブル崩壊までは日本経済の黄金期の中でキャリアを順調に重ねてきたこと、それに対して団塊の女性たちは、大卒であっても就職率は六割程度であり、それも公務員と教職にほとんど限られていたことなどが記されている。ジェンダー非対称性がこれほど大きいのに、そのことはほとんど論じられないできた。

そんな彼女たちは、見合い結婚から恋愛結婚へと多数派が移行した七〇年代半ばに結婚した。恋愛とセックスと結婚の三位一体説をロマンティックラブイデオロギー（RLI）と呼ぶが、それをすっかり信じて結婚生活に入ったのだ。就職の困難さと相俟《あいま》って、専業主婦になることが中産階級のステータスという価値観も支配的だった。「民主的で、夫婦も親子も対等で、愛によって結ばれた近代家族」（『21世紀家族へ（新版）』落合恵美子、有斐閣、一九九七）を夢見ていたからこそ、彼女たちのつくった家族は、ニューファミリー、友達家族といったキャッチコピーとともに語られたのだ。しかし、その後核家族の中で繰り広げられたものは、孤立した育児と、対等どころか旧態依然とした性別役割分業を基盤とした日常生活だった。RLIの夢と信仰は、このような時の流れとともに無残に敗れ、彼女たちの深い部分で何かが崩れ、挫折感がもたらされた。

『団塊世代・新論』で強調されているのは、多くの団塊論が「彼らが何を獲得したのか」「持つ様式」を論じていながら、「どんな関係を育てたのか」「関係を築く様式」に注目していない点だ。家族をどのようにつくり、そして生きたかという問いは、どのように関係を育て築いたかという問いにつながる。私が本書で試みてきたのは、団塊の女性たちが娘との関係を築く様式について、母娘それぞれのフィルターから描き出すことだった。

母親側の例として、ある同人誌に掲載された「いま望むこと」という文の一部を引用しよう。著者は私の知人で、もちろん承諾を得ての転載である。

――前略　就職の道は閉ざされ、結婚生活の幻想も早期に崩れ、「金曜日の妻たちへ」（昭和五八年）のような生活もできない。私たちはどのようにして生きていけばよかったのだろう。負の要素をどのように活用するか、欠如をどのように力とするか、と考えでもしなければ将来はまったく霧の中だった。今から思えば、壮大な実験ともいうべきサバイバルの道探しだったが、一つだけ確かな道があった。出産して母親になることだけは、選択の余地がなかったのだ。当時「生まない選択」は一部の有職女性のものであり、多くの専業主婦は、当たり前のように出産し母となったからだ。でも、母となったとたんに想像外の自由の剝奪が起きた。それだけではない、同時に過剰な責任を背負うことになり、そして、そこに協力者の夫はいなかった。でも、子どもを得ることで刻印された、逃れようもない負の要素を力に変えることで、つまり新しい母となることで、私はサバイバルしようとした。

妊娠中から女の子が欲しいと思っていた。なぜなら、もう男性に希望は持てないと思ったからだ。学生時代、学生運動や政治闘争の先頭に立っていた男子学生たちのその後を聞くたびに、そう思った。同級生の女性たちが同じことを考えていたと、後に知ったときには驚いた。二人の娘は、三四歳と二八歳になる。小さいころから、女の子だから、という押し付けはしないできた。勉強だって、ピアノやバイオリンだって、女性が本気で力を発揮すればトップのレベルにいけることを信じてきたからだ。娘たちの最大の理解者になり、娘たちが、できれば私のような挫折感や不全感を感じないように生きてくれることを望んだ。受験戦争も、私が経験したものに比べればずっとシステマティックでゲーム化されており、娘たちはなんなくそのゲームの勝者となった。私は、結婚して初めて達成感を得た。娘のことで達成感を得たと公言すれば、軽蔑されるかもしれないが。私は、彼女たちの人生を邪魔しようなどと思っていない。ただ、この企業社会が学歴から自由になる時代など来ないと思っているので、私が必死だったサバイバルを、もっと高いレベルで勝ち抜けるために、最大限の投資をしただけだ。夫とその点だけは意見が一致した。

次女は大学の博士課程に学び、長女は広告代理店に勤務している。私は、次女が大学に合格した春から、学生時代に読み残したヘーゲルの『歴史哲学』をもう一度通読するために、カルチャーセンターに毎週通っている。地域の精神障害者自立支援施設のボランティアにも通っている。

理解の断念

管理職の夫は、定年が延長された。彼は、企業人としての人生を全うするだろう。どのような人間だったかは、その人のなしえたことで判断される。夫が、どれだけ干からびた過去の理想を十年一日のごとく語ろうと、もう私の耳には言語として知覚されない。こう書きながら、私の人生も私がなしえたことで判断されるだろうと、思っている。正直に述べよう。あの二人の娘たちが居てくれたことで、私はここまで生きてこれたと思っている。特に長女は、読む本も聞く音楽も私と共通している。そして、私の挫折を、誰よりも深く感じてくれているはずだ。長女にだけは、「こんな人生を送りたいとは思わなかった」と語ることができた。あの子は母である私より、はるかに穏やかで、やさしさを素直に示すことができる。それがあの子の財産だ。なんとか、今の会社で実力を発揮して、すぐれた仕事をしてほしい。二人の娘たちが自分らしく生きてくれることで、私もどこか生き直すことができた、と今になって気づかされている。

私は、彼女たちの重荷にならないように、細心の注意を払ってきた。ヘーゲルの本を読むことも、娘に依存していないことを示すためだ。自立した母、対等にいつまでも娘たちと話しができる母でいること。残念ながら、その輪に夫という存在は加わっていない。理解しあうための虚しい努力は、もう遠い昔に断念した。そんな私の断念に夫が気づいていないとしたら、それこそ悲劇なのだが、それについて考えることも断念している。

還暦を来年に控えた私のささやかな希望は、能力と感性に溢れた美しい二人の娘たちが、いつまでも母である私と肩を並べて、軽やかに暮らしていってくれることだ。結婚をしたいと言い出すかもしれないが、言い出さなくてもかまわない。結婚だけが幸せでないことは、私の生き方が証明しているのだから。やりたい仕事をして、時には私といっしょに旅行にでかける。週末は音楽会や演劇を楽しみ、そのあとでいつものイタリアンレストランで、感想を語りながらおいしいディナーを味わう。そんな生活を送っていくことの、どこが問題なのだろう。これが、老後に向けて私の望むことである。

文章の端々から、溢れそうな無念さと、伏流した夫への怒りが感じられる。彼女が繰り返し述べているような、母と娘の穏やかな共同体的関係は可能なのだろうか。その判断は、娘たちがどう感じるかにかかっている。知人のためにも、二人の娘たちが、母を対等で誰よりも理解しあえる存在として感じているように願うばかりだ。それにしても、対等、自立、民主的、といった近代的価値を信じてきた女性たちの挫折感の行き着く先が、娘たちとの生活だとは……。もたれかかるような弱さではなく、このように堂々とした母娘ワールドの称揚をどうとらえたらいいのだろう。そして、知人の夫は、いったい、どこに位置するのだろう。

Ⅲ　傷つけ合うことで強まる絆

『光抱く友よ』に見る母娘関係

これまでは、母から逃れられない娘たち、娘に救いを求める母たちなどを具体例を交えて描いてきたが、ここで少し趣向を変えてみたい。もっと強烈で生々しく、時には暴力で傷つけ合いながらも結ばれていく母と娘を取り上げたい。題材にするのは、髙樹のぶ子が一九八三年に第九〇回芥川賞を受賞した作品『光抱く友よ』（新潮文庫）である。最初に読んだのは受賞三年後だったが、アルコール依存症である母の酔った姿が実にリアルであり、そして何より娘と母との、凄絶でいながら濃密な関係の描写が、私をとらえて離さなかった。作者の、みずみずしく、それでいて周到に練られた筆力に感嘆したことを覚えている。本書の構想を練っているときから取り上げてみたいと思っていた。

主人公相馬涼子は、山口県の海沿いの町に住む女子高生で、父親は大学教授だ。平凡で平和な家族に育った、少しだけ感受性の強い涼子の目をとおして本書は描かれる。欠席がちなクラスメートの松尾勝美は、タバコを吸い黒人兵とつきあっているという噂もあり、優等生の涼子とは対照的な存在だ。とある事件から二人は接近し、涼子が松尾の家を訪れることになる。松尾の母千枝は、海べりのごみごみした一角で、小さなホルモン焼き屋を営んでいる。松尾の体には、母から付けられたあざと歯型が絶えない。千枝はアルコール依存症で、仕事も満足にできず、入退院を繰り返している。

涼子にとって、松尾の生活はすべてが想像を絶する世界だった。足の踏み場もない部屋と隣室で寝ている千枝。その部屋の壁は、松尾がつきあっている黒人兵からもらったという天体画で隙間なく埋め尽くされている。タバコを吸いながら松尾は言う。「……この部屋の写真もね、どっちみちさあ、人間の肉眼じゃ見えん世界なんよね。うち、こういう写真見てると、何ていうのかすごく虚しい気分になってくる。人間はとことん無力だと思えてくる。……」

そんな松尾の世界に触れると、涼子の心のどこかにある空虚さや無力感が蹴散らされる気がして、しだいに松尾に惹かれていくのだった。

見てはいけない光景

千枝がアルコール依存症で入院したという話を聞いた一週間後、涼子は松尾と千枝の姿をスーパーで目撃する。まるで子どものように買いたい菓子を選ぶ千枝を松尾は見守って、小銭を渡してやる。その後二人は並んでバス通りを歩いていき、突然、顔を寄せ合ってタバコの火をつける。「……屈みこむ二人の姿勢が少しずつ脹《ふく》らみ、松尾が母親を、その長身でやわらかく包みこんでいくような錯覚を覚え、ああ、見てはいけないものを見ている、という思い」が涼子をおそう。この体験は、最終章につながっていく。

ある夜、涼子は松尾を自宅に招く。父が借りてくれた天体望遠鏡で、夜空の星を見せたいという動機からだ。松尾は、真っ赤なマニキュアを塗り、タバコを吸いながら、涼子の父に挑発的な態度をとる。涼子は、両親と松尾の間に漂う緊張感を何とかしようと、気をもむ。その夜、涼子と松尾の関係は変化の兆しを見せる。懸命に追い、好意をかけているにもかかわらず、松尾はその期待に添ってくれない。そんないらだちから、涼子はついに「松尾さん、あなた、本当に星を見るの好きなの」と言ってしまう。松尾は怒るわけでもなく、それが涼子をさらにいらだたせる。

本書の最終章は、スーパーで垣間見た千枝と松尾の姿の再演ともいえる描写が続く。ひとりで夜桜を見に行った涼子が偶然、千枝が酒を飲み、男たちのあいだで醜態を晒す場面にでくわすのだ。涼子は松尾との約束を破り、千枝に、ある秘密を暴露する。そこにやってきた松尾は、酔った千枝を連れ去ろうとする。涼子の背信行為を知りながら、松尾は責めることなく去っていく。涼子は、「自分をやわらかく遠ざけながらも、なぜか赦してくれているその目を、打ちのめされる思いで受けとめた。もはや覆すことの不可能な高みから、見下されているような気がするのだった」。

涼子は、松尾に惹かれながらも、千枝との親子関係の濃密さに触れて、何かを断念する。住む世界の違いと言ってしまえばそれまでだが、その後涼子と松尾は会うことはなかっただろう。千枝という、アルコール依存症で母親失格の女性と、その母から逃げようと試みながらも、最後は「あのひと」と呼ぶ千枝のもとにもどってしまう松尾。殺してもいいほどの憎しみに満ちているのに、千枝を捨てられず、いつくしむように肩を寄せ合う松尾。

完成度の高いこの作品を解説するにはためらいを覚えるが、千枝と松尾の間に起きているのは親子の役割逆転である。親の千枝は被保護者であり、松尾は千枝の保護者になっている。金を稼ぎ、母を病院に入れ、酒をやめさせるために牛乳を飲ませる松尾と、幼女のように松尾に甘え、すがりつき笑う千枝。涼子の目に映る二人は、引き離すことのできない、自分など足元にも及ばない強固な関係で結ばれており、涼子はそこに残され立ち尽くすしかなかった。

親子の役割逆転

アルコール依存症者は大きな幼児である。幼児として扱われるために飲むことさえある。千枝が松尾の「子ども」になったのは、アルコール依存症であることが大きい。家族と呼べる血縁が母しかいなければ、どれほど憎んでも千枝は松尾にとってかけがえのない存在だ。被保護者の千枝にとっても、「母」である松尾はかけがえがない。交換不能で唯一無二の関係性であると双方が認知することで、愛憎と暴力があざなえる縄のように絡まった濃密な関係性が生まれた。

通常の親子関係は、子どもが成長して力において勝ることで親の保護は必要なくなる。子どもの発達は、長い時間をかけて少しずつ親から分離独立するプロセスを指している。ところがそもそも子どもに保護されている親は、時を経るにしたがい老化し、もっと非力になっていく。子どもは保護者であることを強いられて、いっそう親から離れられなくなるだろう。酒を飲みつづける千枝は、年とともにもっと幼児化するに違いない。松尾に残された道は、自分を犠牲にしてでも保護者のままでいるか、それとも千枝を捨てるかだ。

暴力は、痛みや恐怖だけを生み出すわけではない。嚙まれたり、取っ組み合った体から伝わる体温や触覚は、直接的な身体の記憶とともに、他者と表現しがたいつながりを生み出す。人を傷つける暴力が、人とのつながりを生むという承服しがたい悲劇は、残念ながら数多くの人間関係を覆う事実だ。この母娘のように、暴力と憎しみによって、結ばれる親子もある。このことを否定し無視して、ドメスティック・バイオレンス（D

Ｖ）などの家族内暴力の問題に取り組むことはできないだろう。
数年後、ひょっとして松尾は母である千枝を殺害するかもしれない。この小説の結末の延長線上には、そんな可能性が違和感なく想像できてしまう。あらゆる価値判断を超えた母娘の結びつきを見事に切り取っているからこそ、本作品はいまだに私をとらえて離さない。

父の存在はどこに？

父になることへのためらい

多くの娘たちがなぜ母を重く感じるのか、母にとってなぜ娘だけが救いになるのかを考えていくと、どうしても残されたキーパーソンである夫（父）という存在にたどり着いてしまう。彼らは理解不能で謎めいているようでもあり、実にわかりやすく画一化されているようでもある。子どもと妻の目をとおすことで、彼らが家族に与えた影響を考えてみよう。

若者の非婚化は、少子高齢化につながるものとしてしばしば批判的に語られてきた。女性の側の「産みたくない」意識や「結婚へのためらい」についての指摘は多い。では男性はどうなのだろう。二〇代後半から三〇代の、適齢期にある男性たちが結婚できない理由として挙げる理由は二つある。仕事が忙しすぎて、結婚対象となる異性と知り合う機会が少ない、もしくは収入が少ないか不安定で、結婚に踏み切る経済力がない、などだ。経済力はあっても異性と交際する時間がない男性と、自由度は高いけれど、不安定で収入が低い男性。対照的な二群が、格差社会の反映であることは言うまでもない。

これらを突破して結婚はしたものの、子どもをつくることへのためらいを語る男性たちもいる。彼らはこう言う。「こんな働き方をしていたら、子育てに参加するのは無理だ」「子どもにエネルギーを注げば、今の生活が維持できない」と。子育てを自分に課せられた一つの責任として受けとめ、それを遂行する自信のなさを率直に語る彼らは、ちょうどロスト・ジェネレーションと呼ばれる世代にあたる。この余りに生真面目過ぎる責任意識には、妻たちの影響があるだろう。「日曜は子どもの面倒みてくれるって約束しなきゃ、子どもなんか産まない」「どうして私だけが子育ての犠牲にならなきゃいけないの」と妻から訴えられる夫は多い。そんな彼らは、自分の父親の背中を見て彼らを反面教師にしたとは考えられないだろうか。仕事ひと筋で家庭を顧みなかった自分の父親のようにはなりたくないと、誓ったのではないだろうか。

やっぱり母親の責任か?

カウンセリングには、「自分の悩み」だけではなく、家族や友人などの問題でやってくるひとたちも多い。二〇〇六年の原宿カウンセリングセンターの集計によれば、家族の問題で訪れる人が全体の四二・三パーセントを占めている。その内訳をみると、母親の占める割合は四五・五パーセントであり全体の約半数である。いっぽう、子どもの問題で来所する父親は一二・三パーセントでしかない。もちろんこの中には、来所した妻に勧められてから重い腰を上げてやってくる父親も含まれる。父親だけがカウンセリングに訪れているのに、母親は来ようとしないという例は極めて少ない。相変わらず、子どもに問題が起きたときは、まず母親の責任が問われていることが伺われる。彼女たちが望むと望まざるとにかかわらず、社会や世間の目がそれを要請しているのだろう。設立一二年目を迎えるが、母親の占める高い割合は、当初からほとんど変わっていない。それでも父の来所率は、わずかずつ年々微増している。

二〇〇七年から始まった団塊世代の大量定年が話題になっているが、彼らはどのような父親だったのだろう。社会学者でもない私の唯一の資料は、カウンセリングで出会う彼らの妻たちの語ることばだ。DVということばの浸透とともに、夫との関係に困り果ててカウンセリングにやってくる女性は増えてきたが、それでも中高年の女性たちの多くは、子どもの問題で訪れている。引きこもり、摂食障害、薬物依存症、ギャンブル依存症、借金癖、暴力などだ。かなり長期化していて、問題が表面化してから一〇年以上経過しているケースも珍しくない。両親は六〇代半ばを過ぎており、四〇代の引きこもっている息子が、帝王のように両親の上に君臨しているケースもある。不思議なのは、彼女たちの語ることばの中に夫（父親）がほとんど登場しないことだ。夫と離婚したのか、死別したのかと思っていると、元気な夫がちゃんと家にいたりする。あまりに存在感が薄いのか、それとも妻が夫の存在を否認し見ないようにしているのか、それはわからない。彼女の関心は、ひたすら息子や娘に注がれている。

子どもの問題への対処で何よりも大切なことは、両親がチームを組んで対応することだ。ところが、夫はカウンセリングにやってこない。しかたなく、妻は夫にカウンセリングの内容を報告するのだが、彼らは無視するか、批判してそっぽを向くかのいずれかだ。あいづちを打って聞くような夫はほとんどいない。ある女性は、カウンセリングに来ていることすら内緒にしている。話せば必ず文句を言われるので、面倒だからだ。彼らはまず、妻の主張を批判する。「何が言いたいかわからない」「結論から言え」「原因は何だ」と定番の発言が続く。妻はますます口ごもり、こんな惨めな思いをするくらいなら、いっそ子どものことは自分で何とかしよう、と決意する。夫の言動を聞かされるたびに、そうだろうなあと心から共感してしまうので、彼女たちに再度「夫婦の協力を実現するために努力しましょう」と伝えることはどこか残酷な気がして、いつも私はためらってしまうのだ。

自分の収入で家族を扶養してきた彼らにとって、優先順位の第一は疑いもなく仕事だった。仕事を精一杯すること＝妻や子どものためである、という等式は、仕事と家庭の予定調和そのものだ。これを心から信じられた彼らは、なんて幸せだったのだろうと思う。家族への責任意識が少しは彼らの足かせになったかもしれないが、いっぽうで妻子という援軍が仕事を支えてくれたことも事実だろう。だから、二四時間戦えますかと問われれば、イエスと答えたに違いない。わき目も振らず働いているあいだは、家族に何が起こったか、妻が何を考えているかなど別の世界だろう。妻と子から見れば、夫は別の世界に生きる異邦人である。しかし、妻子からそんな目で見られているという意識が彼らにはまったくない。予定調和の等式は自明のことだからだ。

熟年離婚を扱ったテレビドラマで必ず聞くセリフがある。「一生懸命家族のために働いてきたのにどうしてなんだ！」

この定番のことばが虚しく響くたびに、企業や組織の論理に絡めとられた彼らの意識と、妻と子どもの意識が悲劇的なまでに乖離《かいり》していることを感じる。

バラの花を美しいと感じない

六〇歳で定年間近の、銀行員T氏のことばを思い出す。彼は妹のうつの問題でカウンセリングにやってきたのだが、アメリカ駐在時代のエピソードを語った。

ある朝、彼は妻から問い詰められた。花瓶に差したバラの花を目の前につきつけて、妻はこう言った。「あなた、この花を見てどう思うの、きれいだって感じる？」。彼は啞然としたまま一言も返答できなかった。実際、バラの花を見ても何の感慨もなかったからだ。妻は泣きながら「あなた、このごろヘンよ」と責めた。

行動力のある彼はすぐに、居住しているコミュニティで提供されるカウンセリングサービスを利用した。担当カウンセラーは、彼に「一週間 feeling verb だけで会話しなさい、thinking verb は使わないこと」と指示した。要は感情言語だけで家族と会話せよ、ということだ。指示を実行するために一週間脂汗を流しながら努力したことで、彼の生活は大きく変わった。妻からは顔つきが変わったとほめられ、距離をとっていた息子たちも話しかけてくれるようになった。「銀行では、不可能なことはないと叩き込まれました。できないということばを辞書から消すこと、そんな万能感を抱かないと働いていけなかったんです」としみじみ彼は語った。

その経験は、T氏にとって仕事と家庭を二分割するきっかけになった。家に帰ったら、仕事の論理を意識的にギアチェンジするように務め、夫婦共通の趣味を探した。そして今は「おかげで、定年退職してからもやりたいことがいっぱいなんです。あの時、妻が僕に対して怒ってくれたからですよ」と妻に感謝している。

期待をしなければいい

T氏の妻は、夫が感情を失っていくように思えたので、詰問をしたのだろう。多くの男性は企業で働き続けながら、いつのまにか感情を語ることばを失い、ひたすら判断と方針と命令だけの言語体系で生きるようになる。白か黒かという単純な二分法に基づくチャートに従って、世界を認知するようになる。そして、そのことで失うものがあることにも、気づかない。妻は、いつのまにか感情をもった存在としての夫を期待しなくなり、無駄な抵抗をやめてしまう。こうして彼は無自覚なまま、仕事と同じ言語体系で語り、チャートに従って判断し、まるで部下のように家族を扱うようになる。

夫に何も期待しなくなった妻は、裏切られた悲しみや寂しさも感じなくて済むはずだ。抵抗や反撥をしなければ夫は機嫌がいい。だから、口先だけでハイハイと言うことをきいていればいいはずだ。しかしこれですべてが丸く収まるだろうか。期待していないはずの夫に対する不満は、誰が受け止めているのだろう。不承不承の服従のつけは、誰に向かって吐き出されるのだろうか。たぶんそれは、友人でも実家の母でもなく、一番安全な聞き手の娘に向けられるだろう。

団塊の世代の男性たちは、日本経済の最盛期の果実を味わって、リタイアの時期を迎えようとしている。団塊の男たちについての評論は多いが、彼らは企業人であると同時に夫であり父であるのだから、家族の中で彼らが果たした役割も検証される必要があるだろう。それを不問に付すことは、彼らの責任能力を認めずスポイルすることであり、却《かえ》って失礼だと思うからだ。娘の嘆きは母だけに向けられているわけではない。

無邪気な独裁者

この一〇年間の変化

「墓守娘の嘆き」などということばが本の題名になるなんて、今から四〇年前、私が二〇代前半だったころには想像もできないことだった。このことばがリアルな共感を呼ぶには、いくつかの社会的条件が必要だ。それは、母親の寿命が延びたこと、高学歴化により娘の結婚年齢が上がったこと、母親にそれなりの経済的豊かさがあること、娘が働いていること、しかも非正規雇用の人口が増大することで経済的には不安定な状態であること、少子化により一人娘が増えたこと、などだ。その結果、息子（長男）ではなく娘が母親の依存対象になり、同時におとなになった娘がいつまでも親に経済的に依存することが社会的に容認されるようになった。これらが社会的背景となっていることは間違いないだろう。

ほんの少し前までは、子どもを育て上げ、孫の顔を見るか見ないかで老人は死亡していた。ところが今では、六〇歳で仕事をリタイアしてからも「老人」たちはまだまだ第二の人生を満喫すると意気込んでおり、娘の世話をするエネルギーは十分残っている。国立社会保障・人口問題研究所発表の資料によれば、三〇～三四歳の未婚女性の親と同居する割合は一九八二年には六四・八パーセントだったのが、二〇〇五年には七九・三パーセントに増加している。

私が『一卵性母娘《おやこ》な関係』（主婦の友社、一九九七）を出版してから一〇年余りが過ぎた。あの当時、私は母子密着＝病的という図式に反発しており、母と娘が仲良く買い物をし、話し相手になるのであればいいじゃないかと考えていた。どちらが娘かわからないような若々しい母と娘のツーショットを、本の中にいくつか挿入したのもそのためだ。ある社会現象を病理としてとらえることに反発するエネルギーが、書かせたようなものだったと思う。もちろん、本書に登場するような深刻な事例を、当時から山ほど目にしていたのだが。

あれから一〇年以上たったいま、当時の若々しかった母親たちが相変わらず若々しいままであることに驚いている。いっぽうその娘たちは、思ったほどわがまま放題ではなく、それどころか、母たちをどこかやさしく見守ったまま働き続けて三〇歳を過ぎている。そんな光景を見ながら、当時のように楽しければいいじゃないかと言えなくなっている私がいる。不吉な予感があたった、そんな感覚とともに。

無邪気に見えて狡猾《こうかつ》

カウンセラーとして出会う母娘問題のほとんどが、娘の側からの訴えである。本書に登場する「母が重くてたまらない」と切実に感じている彼女たちは、母から離れたい、でも母を捨てるのはしのびない、という葛藤にさいなまれている。簡単に親を捨てることができれば、カウンセリングなど必要ないだろう。でも彼女たちの母親は、たぶん何も困ってはいないだろうし、娘の苦悩などに気づいていないだろう。

私とほぼ同世代である母親たちの考えの一端を知ることができるのは、中高年女性向けのいくつかの雑誌からである。幸運なことに、しばしばそれらの雑誌の取材を受ける。定期的に家族関係の特集が組まれ、中でも人気のテーマが「母娘関係」である。彼女たちの質問には、パターンがある。その一つは、「どこまで娘の援助をしてやったらいいでしょうか」というものだ。「結婚して近くのマンションに引っ越してくるが、ローンを少しだけ払ってやってもいいでしょうか」「娘が海外に転勤になりましたが、三ヶ月間手伝いに行くつもりです。それほど給与も高くないので、その間の生活費は私が出してあげようと思うのですがこれは甘やかしすぎでしょうか」などなどだ。身辺の手伝いばかりではなく、金銭的にも援助する母親は増えている。老後の蓄えにまわすのではなく、娘に小遣いまであげる母親は珍しくない。

彼女たちの行動に、なぜか夫はほとんど口をはさまない。だからほぼ母親の独裁状態である。では、そこまで援助をするのはなぜだろう。表向きは、娘に苦労させたくない、自分の人生を生きてもらいたいというありがたい親心からだ。裏返せば、金銭で娘たちをつなぎとめることで、心理的満足を対価として得るためだろう。彼女たちは、口では娘に結婚を望むと言いながら、本当に気に入った人が現れなければ、無理に結婚する必要はないと考えている。これは冷静に醒めた目で娘の結婚を見つめているからではなく、単に娘との関係を悪くしたくないからではないだろうか。無理やり結婚を強いて仲たがいするより、娘の選択に任せる態度をとったほうが、仲良くできるからだろう。しかし、そんな深読みが拒絶されるほど、母親たちは無邪気に見える。透明な清らかさというより、彼女たちの体重のように鈍重な無邪気さだ。自分の感情や行動は娘のためだとつゆ疑うことのない、そんな無神経な無邪気さに満ち溢れている。

パソコンやケータイを使いこなせないと、「わかんない〜」と娘に甘えてドジなおばさんぶりを発揮する。無理に話を合わせようとして娘から軽蔑のまなざしを向けられれば、「どうせおばあさんだからね」とすねた顔をして娘を困らせる。時には「ああ、このしわやしみ見て見て……もう長くないかもよ」と脅しながら、娘の心配げな顔を見てほっとする。たぶん、これらは何とも言えない快楽なのだ。年齢をかさにきた脅しとひがみで娘を操作し、最後はひらきなおって無邪気を装う。そのくせ異様に元気で、体力は娘以上ときている。ジムに通って、毎日四〜五時間も水泳やマシーンで体を鍛えているからだ。このように、母親たちは人生を安楽に過ごすために蓄えた年季の入ったスキルを、ここぞとばかりに発揮する。

『おかあさんと旅をしよー。』（ムラマツエリコ・なかがわみどり、メディアファクトリー、二〇〇六）を読むと、母親をケアしながらいとおしむように旅行に連れて行く娘の姿が描かれている。仲の良さで救われているが、けっこう苦労して親孝行する娘の悪戦苦闘ぶりがリアルだ。酒井順子は『週刊文春』のエッセイで「今時の独身女性というのは、子育てをするのではなく、親の世話をすることによって、大人になっていくのかもしれないなぁと、読みながら思った」と書いている。鋭い指摘である。彼女たちがそれほどまでに「母親を旅行に連れて行かなくてはならないプレッシャー」に悩んでいるとは、寡聞にして私は知らなかった。きっと母親たちは、そんな娘のプレッシャーなど気づいていないだろう。いや、どこかでそれを折込み済みで無邪気を装っているのかもしれない。たぶん、そのほうが楽だし娘に依存できるのだから。

娘との一体感にひびを入れる

母親たちはこうして娘に依存し、甘える。娘たちは「しかたがないわね」と嘆息しながら、母親たちにサービスを提供し続ける。これら無邪気を装って行使される支配は、どこかで見た光景だ。夫のことを「うちには大きな息子がもう一人おりまして」と言う妻たちのことだ。彼女たちも同じように「しかたがないわね」と嘆息している。それでいて世話をやめることはない。たとえばアルコール依存症の妻たちは、夫を夫と思えば腹が立つので、息子と思うことで何とかやってきたと語る。酔った夫は、大きな子どもになってケアを求める。無理無体な要求も、ボクちゃんになれば妻に聞いてもらえるからだ。あからさまな支配ではないが、結果として自分の思い通りに妻を動かすのだから、これもまた支配の一つに違いないだろう。

無邪気を装った、依存と見分けのつかない夫の支配は、日本の夫婦関係に満ち溢れている。無邪気とはイノセンス、つまり責任を問われないことと同義だ。イノセンスだからこそ、妻たちは夫を子ども扱いし許すしかない。そのお返しとして多くの日本の妻たちは、結婚して早々に夫の母というポジションを得る。酒井順子が親を世話することで大人になっていくと書いたように、多くの妻たちは、子どもではなく夫を世話することで大人になっていくと考えたかもしれない。別れるという道が閉ざされていれば、そう考えるしかなかったというほうが正確だろう。

夫を子ども扱いすることで大人になれた妻たちは、中高年になり夫から解放され（るために）、今度は同じような関係を娘とのあいだにつくり出しているのではないだろうか。

無邪気を装った無神経ぶり、都合のいいときだけ老人ぶったわがまま放題、身体的衰えを材料に娘を脅して言うことを聞かせる……。これらは依存や甘えと紙一重の支配である。多くの支配がそうであるように、支配する側は半ば無自覚である。なぜなら他者を支配することは苦痛ではなく、むしろ豊かな快楽に満ちているからだ。夫たちが結婚と同時に手に入れた「大きな息子」の地位に伴う快楽は、母親たちのそれと似ている。とすれば、母親たちは娘たちの「大きな娘」になっているのではないだろうか。こころおきなく無邪気に依存できる快楽を、彼女たちは娘によって初めて得ることができたと考えると納得がいく。

しかし、たとえ娘たちが無邪気な母のわがままだと容認したとしても、私はそれを、何てずるく狡猾な支配だろうと思う。金銭や生活面の援助によって相殺されることを計算に入れた囲い込みは、許されないとすら思う。彼女たちがどのような時代を生きてきたのかほぼ想像がつくだけに、私は歯噛みしたくなる。人生の落としどころを娘に求めないでほしい。母は娘にとって重いのだ。どれほど努力しようと、それは変わらない。自分と娘の感じ方の間に深い溝があることを認めるには、勇気が要るかもしれない。でも、そう自覚してほしいのだ。それが母である彼女たちのプライドを守ることになると、私は信じている。母親の娘に対するお気楽な一体感にひびを入れるために、本書はあるのだ。

2 母とは一体誰なのか？

母親を徹底的に分析する

これだけ情報が氾濫している現代にあって、家族、中でも親だけはなかなか相対化することができない。少なくとも小学校の低学年までは、子どもたちは自分の生まれ育った家族しか経験することができないからだ。特に、暴力と支配に満ちている家族は、外向きの顔と内向きの顔のギャップが大きく、そのぶんだけ第三者に対して閉ざされがちだ。墓守娘たちにとって必要なことは、自分の母を、閉ざされた関係から解き放ち、多種多様に類型化されたタイプのひとつとして認知することだろう。白日のもとに晒《さら》された母たちの見本市を丹念に精査することで、自分の母の独自性が再び浮かびあがるのではないかと思う。

本書では、登場する母たちを、いくつかのタイプに分けてみる。これは、あくまで娘の立場からみたタイプであり、母親のパーソナリティや病理水準といった学問的な基準によるものではない。読者のかたがたにも具体的にイメージできるように、わかりやすい比喩を用いることにした。

【1】独裁者としての母―従者としての娘

母親の中には、外出を嫌うひとがいる。三六五日、一日一回、決まった店で買い物をする以外は電車にも乗ることもない。たまに車で外出することがあっても、そそくさと帰ってくる。行動だけを見れば、引きこもりといってもいい。主婦という立場は、合法的に社会的引きこもりが許される唯一のポジションであろう。かといって、彼女たちは家の中でも引きこもっているわけではない。家族のルールは、しばしば世間のルールとかけ離れることがある。往々にして社会的に引きこもっているからこそ、彼女たちは家族のルールを自分本位に決定している。

それに反論しようものなら、泣き叫ぶ、病気になる、延々文句を言われる、と言ったことが起きる。そのことがわかっているので、しだいに誰も彼女に反論しなくなる。その主張やルールが非論理的であればあるほど、そうなりやすい。非論理の前に、論理は勝利することはできないからだ。理を尽くすことは無駄であり、合理的抵抗は無力である。こうして、彼女はいつの間にか家族のルールを制定するようになり、「私が法律である」立場に上り詰める。

受験期にある娘が、下校途中にスーパーで買物を済ませ、毎晩家族全員の食事をつくるという例は多い。そんな高校時代を過ごしたという経験を何人もの女性から聞いた。彼女たちの母親は、しばしば「頭が痛い」「家事が下手だから」「疲れた」といった理由で、まったく食事をつくらない。すでにそれは、家族の中では自明のことになっている。父親（夫）もそんなものだと思っている。妻に逆らうと後が面倒だと思えば、妻の言うがままにさせておいたほうが波風が立たないし、自分には実害もないからだ。

母は強権をふりかざしたり、暴力で威嚇するわけではない。母の言うとおりに動かないと、不安定になったり、家事がまったくできなくなるという弊害が生じる。掃除、洗濯、食事などが滞ってしまうのだ。何かを有徴的に遂行するのでなく、何かをしないことによって実力を行使する。いわば、ストライキ状態に入るのである。しかも、わがままや気まぐれのように意図的にではなく、選択の余地なく、そうするしかないという切迫感を伴って起きていると周囲は受けとめる。非力であることの力を思う存分行使することで、周囲は母の言うがままに動かされることになる。これは、無能で非力であることを盾にとった実力行使である。

こうして、外見は弱々しく力ないかに見える母親は、いつのまにかプチ帝王＝独裁者へとのぼりつめる。ただし、その支配は家庭という限局された場だけで行使される。父親は、家庭にいない時間は独裁から逃れることもできる。父親にとって仕事という聖域は、狭く小さな家庭とは比較にならないだろうし、当の独裁者である母も、職場・会社・

社会といった世界は格が違うことは十二分に承知している。だからこそ、家庭という空間から外に出ようとはしないのだ。父は、そんな独裁をいなし、かわす術に長けている。帰宅後に、できるだけ妻を刺激しないようにして、独裁者のはびこるままに放置すればいいのだ。父親は、こうして家庭という場における母の独裁に正当性を与えつづける限り、共謀者でもある。独裁者の母、共謀者の父による被害は、こうして娘に一極集中されることとなる。兄や弟がいた場合も、家事の分担はなぜか娘に集中する。男女の性別役割分業は、脈々とこのように受け継がれている。

【2】殉教者としての母―永遠の罪悪感にさいなまれる娘

娘に向かって、いつもこう語る母がいる。「ずっと我慢してきたのよ」「ほんとにいつも私さえ我慢すればと思っていたのよ」「み～んな、家族のため、あなたのためだったのよ」「私が我慢しなかったら、どうなっていたと思うの」

こう語られたほうは、いったいどうすればいいのだろう。「やりたい放題やればよかったじゃない」「私が我慢しろと頼んだわけじゃないでしょ」などと、反論できる娘がいないわけではない。でも、一度でもそのように反論しようものなら、母は泣き落としにかかるだろう。「今になってあんたからそんなことを言われるなんて、思ってもみなかった」「どれだけ私が苦しい思いをしてきたか、わかっているの」と倍返し、三倍返しになって戻ってくることは間違いない。

自分は何かのために犠牲になったのだ、そしてあなたは私の犠牲のおかげで生きていられるのだという主張は、母が自分を殉教者だと定義していることをあらわしている。どのような宗教も、殉教者に対して、信徒たちは反論不能である。なぜなら、殉教者によってその信仰や宗教団体は守られ、より純化されてきたからである。信徒たちは、より信仰を深めなければその殉教に値しないだろう。殉教者と対等になるには、おそらく、自分も同じ殉教者になるしかないのである。

母たちは、無自覚にこの殉教者を演じているのだろう。そして、娘はもっとも深く母が殉教者であることを信じさせられてきた存在である。なぜなら、母の殉教は娘のために起きたのであるから。夫に対してその殉教者ぶりを誇示したところで、それは共有されることはないのだ。

こうして、殉教者を前にした信徒のごとく、娘は絶えず母に対する罪悪感にさいなまれることになる。自分の信仰がどこまで深かろうが、殉教者にかなうわけはないからだ。では殉教するほどの信仰は、何に向けられているのだろう。たとえば、忠臣蔵は浅野家のお家再興、吉良上野介への復讐という大義への殉教とも言える。家父長制があからさまだったころは、母の忍耐は「イエ」への殉教だったかもしれない。しかし彼女たちは、二一世紀の現在、イエのためにとは思っていないだろう。では、母の殉教は何に対してだろう。

一つは、「家族のために」だ。たしかにふたこと目には「家族のために」と言う母はいる。しかし、このセリフは、しばしば家長である夫の口から発せられることが多い。忙しい理由、帰宅が遅い理由、子どもの行事より出張を優先させる理由として「俺は『家族のために』働いているのだ」と彼らは言うだろう。

母たちは、おおっぴらに「家族のために」とは言わない。なぜなら、建前上は家族を統率しているのは夫なのだから。その家族と、母にとっての家族は微妙にズレている。たぶんかつて「あなたにとって家族とは？」という調査の結果が発表されたことがある。たぶん彼女たちにとって、家族とは、自分と娘によって構成されているに違いない。夫はもちろん戸籍上の家族ではあるものの、健康で定年まで働いてくれればいい、それだけの存在である。自分にとっての家族は娘だけだ、と考える母は驚くほど多いだろう。

だから、彼女たちの殉教の対象は「私にとっての家族」、つまり娘なのである。母は、こうして娘の関与しないところで、いわば勝手に殉教する。娘は、殉教が自分のために行われたことを長い時間をかけて信じさせられ、それを内面化する。母のため息、病い、不幸そうな表情、涙は、自分への殉教の表象である。母の不幸の度合いが増すほどに、殉教者である母は聖化を深める。そして、「私は頼んでなどいない」と憤る余地もないほどに、母の殉教をあがなうこともできない存在なのだという罪悪感におそわれる。それは母が生きている限り、永遠に終わらない罪悪感である。何をしても申し訳なく、母がどれほど暴言を吐こうと、ひたすら壊れそうでかわいそうな母というイメージは壊れない。最後は、母親の言いなりになって、忠誠を尽くす存在として娘は生きるほかない。

【3】同志としての母―絆から離脱不能な娘

小学校三年生になったら、すぐさま進学教室の入塾を申し込む。そしてその受験のため勉強を始める。さかのぼれば、幼児教室の入塾に、さらにそのための準備へとたどりつく。誕生と同時に、母の設計図どおりの娘のライフコースが動き始める。これは、母個人の独創ではなく、学歴信仰に伴い多くの母親が（もちろん父親も）参入している社会現象である。所得の格差が著しくなればなるほど、限られたパイをめぐる戦いは熾烈《しれつ》になるばかりだ。東大を頂点とする一流大学をめぐる受験生の母親集団は、確かに少子化によって少なくなっているかもしれないが、それがそのまま偏差値をめぐる戦いの緩和を意味しないことを、誰もがわかっているだろう。

戦列にとにかく加わること、そして無数の選抜を勝ち抜くこと。そのために、母たちは生活を賭けていく。塾に車で送迎し、塾の模試の朝は早起きをして付き添う。願書の取り寄せ、受験に向けての健康管理、何より勉強を至上のものとする家庭の雰囲気づくりに励む。母親がだらだらとテレビを見ていれば、雰囲気は途端に士気を失うだろうから。

それほど会話のない夫とも、娘の受験という親戚一同共通の目標があれば、とりあえず共同戦線を組めるだろう。その戦いは、実は終わりのない戦いであることを、当の親も、そして娘も知らない。当面の中学校、高校しか見ていないからだ。目前のにんじんを見て走る競走馬のように、その戦いが今後一〇年以上も続くかもしれないことには想像も及ばないのだ。

中学校合格後は、別のにんじんがその先のゴールにむけてぶらさげられる。中学校で一定の成績をとること、上位五〇位以内に入ること、そして大学に進学しなければならないというハードルが、待ちかまえている。中学受験を経ずに大学に合格することと、中高一貫校の中で勝ち抜いて同じ大学に入ることは、まったく異なる価値をもつ。

こうした戦いは、大学で終わるわけではない。卒業後の職業選択にまで、戦いは続く。本書にもそんな母親が登場している。母は、最初はライフコースの設定者である。ところが年齢が上がるにしたがって、指揮官から伴走者へと、たくみに位置と役割を変更していく。娘の年齢が上がるにつれて役割を変更しなければ、娘も走らなくなってしまうからだ。大切なことは、強制してはいないこと、あくまで娘の自己選択であるという建前を、決して崩さないことである。こうして、娘の人生を共に切り開き、苦しみも喜びも共にしてきた「同志」という位置を、最後に獲得するのである。母の娘の人生に対する関与は、これによって完結するかのように見える。

ところで、同志とは、一定のイデオロギーを共有する運動体を構成する人たちの呼称である。仲間というほど甘くはなく、あくまで目的をもって共に戦うことが含意されている。

では、母と娘はどのような戦いの同志だったのだろう。おそらく、格差が明確になった現代において、ステータスと収入を保証する学歴・資格・職歴を獲得するための戦いである。ある国家資格を獲得した女性たちの集まりに参加したことがあるが、驚いたことに、背後に母親の援護があったことを何のてらいもなく彼女たちは披瀝《ひれき》するのだ。堂々と、母と一緒に戦ってきました、と語るのである。

大学の卒業式に両親が出席することは珍しい光景ではなくなったが、いまや、資格試験の合格発表にまで母親が同伴する時代になった。その母親たちは過保護などと思ってはおらず、むしろ共に戦ってきた同志として当然のことであるという顔で、その場に座っているのだ。

【4】騎手としての母――代理走者としての娘

同志としての母がもう少し巧妙になると、騎手としての母になる。

戦いを共にするには、それなりのコストが母にもかかる。ところが騎手としての母はそこまで労力をかけない。走った娘の功績であるのに、いつのまにか娘の達成をかすめとり、自分の功績であるかのように吹聴する。競馬であれば、名馬と名騎手の双方が讃えられることになるだろう、武豊とディープインパクトのように。しかしディープの気持ちなど誰にわかるだろう。馬はことばを持たないので、人間が勝手に代弁しているに過ぎない。

母と娘の場合は、もっと露骨だ。

母は、隠蔽《いんぺい》された無自覚な欲望を、娘という代理走者によって満たそうとする。彼女たちが、最初からそんな計画で娘を産み育てたと考えているわけではない。娘が代理走者となれる可能性がなければ、そんな欲望は駆動されるはずもない。

おそらく、娘が幼いころに、「この子はひょっとして〜になれるんじゃないかしら」「この子がこんなに優秀なのは私の努力の賜物だわ」といった思いをひとたび経験することで、それが報酬のような快感をもたらし、母の隠された欲望に火が点けられるのだろう。まるでオリンピックの開会式の聖火台に点火されるように。

自分は努力してもかなわなかった高校での好成績、自分には望むこともできなかった医学部進学、一度も経験したことのない模試の成績上位ランクイン。娘がそれらを達成するたびに、彼女たちは有頂天になる。まるで人生を生き直すかのような、めくるめく快感を味わうに違いない。しかしその快感は、ある地点で満足されて「これでいい」というゴールにたどりつくわけではない。どこかとどまることを知らない車輪のように、もっともっとと快感をむさぼり続ける。騎手は、馬が走らなければ騎手ではいられないのだ。鞭を激しく打ち続け、もっと疾走しろと要請し続ける。「努力すればできるはずよ」「ここまでやってきたんだからできないはずはないでしょ」などと、一見エンパワーするようなことばを掛けながら、娘の人生のレースを遠くまで見据えている。

みずからの欲望を満足させるために娘を走り続けさせているなどと、母は自覚しているはずはない。娘の達成をかすめとって自分の成果とすること、娘の果実ではなく、自分の甘い果実として味わうこと、これらを母は当然のことと思っている。なぜなら、走っている娘は自分が生み、育てたのだから。居丈高にもみえる母の態度は、実は不安と恐怖が裏返しになったものなのだ。自分は走る当事者ではないし、自分が試験を受けているわけでもない。娘が倒れても、自分が代わりに走るわけにはいかない。この厳然とした事実はかすかな不安をもたらすだろう。どこかでそんな自信の無さを感じているからこそ、彼女たちは決して娘にひれ伏さない。

騎手は馬に依存している。馬が倒れれば騎手は走ることもできない。それに似た不安が、娘の人生レースに対する母の尊大で貪欲なまでの執着を生み出している。

【5】嫉妬する母──芽を摘まれる娘

白雪姫の童話に登場する鏡の場面。

「鏡よ鏡、世界で一番美しいのは誰か？」と問いかけているのが、もともとは継母ではなく、実母であったことはよく知られている。グリム童話には、いくつも似たような設定がみられる。それほど、母は娘に嫉妬するものだと考えられていたということだ。童話と同じように、現代でも、母は美しさや若さといった娘のセクシュアリティの属性に対して嫉妬する。「かわいいわね」と他所《よそ》のひとからほめられる娘を、「お世辞がうまいんだから、ひとのことばを信じちゃいけないよ」と毎回こき下ろす母がいる。美醜の基準は母が決めており、いつも娘は醜くなくてはならないのだ。こんな母のもとで育った娘は、どれほど他人からきれいだとほめられても、自分は醜いという呪縛から逃れるには時間がかかる。

近年では、おへそまで出したローライズのジーンズを誇らしげにはく母たちも多く、彼女たちがセクシュアルな存在でいる時間は、途方もなく長くなっている。娘は、若く美しいはずの自分の位置を脅かす存在であり、そこに嫉妬が生まれる。

性的存在である娘を汚らわしいと考える母もいる。ブラジャーをわざと購入しない、生理があったことを無視するといった行動をとるのだ。当然、娘は初潮の経験を母には伝えられない。友人の母に打ち明けて、こっそり生理用品を買うのだ。カウンセリングで出会う女性たちの多くが、こういう経験をしているので驚いたことを憶えている。

娘は、女としてセクシュアルな存在であることに対する根深い嫌悪感（女性嫌悪）を、同性である親＝母から植え付けられるのだ。これは嫉妬というより、母自身が自らの女性性を呪っており、それの投影と考えてもいいかもしれない。自分がそうであるように、女であることを呪うように娘を仕向けるのだ。

注目すべきは、娘の社会的達成に対しての嫉妬は、セクシュアリティに関するそれよりもっと頻繁にみられることだ。若さや美への嫉妬は、かわいげがあると思えるほどだ。

ある女性は、忘れられないエピソードとして語った。小学校で算数の試験が九二点だったので、先生にほめられた。それを家に帰って母に伝えたら「いい気になるんじゃないよ、算数の点くらいで」と一蹴されたという。よろこびで一杯に膨らんだ風船を、一気につぶすような母のひとことだった。その瞬間の天国から地獄に突き落とされたような感覚を、彼女は今でも憶えている。

このように、娘が人生で喜びを味わうたびに、丹念に一つずつ潰しているとしか思えない母がいる。彼女たちの多くは、戦後民主主義教育を受けて育ちながら、就職や進学では明らかな女性差別を経験した。そして、選択の余地なく専業主婦となり、夫の浮気や浪費、暴力などで苦しんだ母たちだ。彼女たちは、娘たちが昔とは比べものにならないほど広範に門戸を開いた大学にやすやすと進学し、一流企業に就職し、自己実現の階段を一歩ずつ上るたびに、激しく嫉妬する。自分と娘とは時代背景が違うということは十分承知のうえで、だからこそ陰湿な嫉妬の毒を撒き散らす。

娘が結婚すると、どこかほっとした顔をしたりする。「これで娘も世間並みの女の苦労をするだろう」という安堵感が、そこから読み取ることができる。妊娠したりすれば、もっと喜ばしいに違いない。世間からは、孫が生まれるのでよろこんでいると思われるので実に都合がいい。

「あなたを生んでどれほど私が苦労したか。やっと同じ苦労を味わう立場になったわね、いい？　女に生まれるということはこういうことなのよ」

口に出すなどという愚かなことは決してしないが、きっと母の顔は、自分の地平にまで降りるほかない娘を見ながら、ほくそ笑んでいるに違いない。

嫉妬する母は、嫉妬を自覚することはないだろう。なぜなら自覚したとたんに、それは娘に対して負けを認めたことになるからだ。嫉妬は、自らの劣位の自覚によって起きる感情である。だから母たちは、仔細なひだの中に、日常の些事の中に、そっと毒針を仕込んで娘を刺す。

【6】スポンサーとしての母――自立を奪われる娘

本書に登場する母たちの中には、娘よりはるかに豊かな経済力を持っているひとがいる。格差社会にまつわる言説によれば、団塊世代の貯蓄額の膨大さが、親子関係においてかつてない現象を生みだしているという。子どもは永遠に親の経済力を越せない、という現象である。強大な家父長制に守られた家督相続とは異なり、核家族においては一代で築いた財産は基本的に次世代に受け継がれることはない。ところが、正規雇用の減少とフリーターの増加にみられるように、親の経済力をあてにしなければ生活が成り立たない二〇代、三〇代の若者が激増している。中年近くなったフリーターの息子を親が金銭的に支えている光景は、今ではありふれたものになっている。運よく正社員になり、結婚して孫が生まれれば、六つのポケットとたとえられるように双方の祖父母から孫に向かって金銭が流れる。

大なり小なり、母の世代に寄生し依存しなければ生きられない娘たちは激増している。母たちは娘の存在をつなぎとめるために、これまでよりもっと直截的で実利的方法を用いるようになる。殉教者や独裁者、騎手といった手の込んだ方法ではなく、金銭でつなぎとめればいいのだ。ごちそうするから遊びにいらっしゃい、お金を出してあげるからいっしょに温泉に行きましょ、海外旅行のパックはママが申し込んどいたわ、お正月はおせちを二人前つくっといたから取りにいらっしゃい、などなど。

母のショッピングにつきあっていっしょに服を選び、「ママ、若いわよ、あ、でもこのグレーがかったピンクのほうが顔うつりがいいかも」などといっぱしのお世辞とアドバイスをすれば、一着お気に入りのブランドスーツを買ってもらえようというものだ。

旅行会社のパックには、母娘用のプランがいくつか用意されているという。中には、毎年同じ温泉に行くリピーター母娘カップルも多いらしい。もちろん、スポンサーは母に決まっている。

お互いにメリットが重なっており、利用する・利用されるという相互関係が自覚されていれば、それはそれで、賢くちゃっかりした母娘関係といえるだろう。ところが中には、先回りをして金銭を投資する母もいる。欲望とは、欠如の自覚から発生する。ところが、欠如や不足を娘が自覚する前に、むしろ自覚することを妨げているかのように、先回りをして物を用意する母をどうとらえたらいいのだろう。

三〇歳を過ぎた娘に対して、マンションが欲しいという前に買って与える、コートが欲しいという前に、デパートにコートを見に行こうという、風邪を引く前にインフルエンザの予防接種の予約をしている、という具合にだ。

おそらく、母たちは金を出すことで娘を縛っているという自覚はない。むしろ、自分たちはあらん限りの援助をしてやっていると思っているに違いない。自分たちより貧しい生活をしている娘が、「かわいそう」なのだ。母の母は、おそらくそうやって切り詰めて自分の娘を助けてくれたのかもしれない。いろいろ苦労も多いだろうから、実家に来たときくらいはへそくりのお金をそっと娘に渡すこともしただろう。

そのような母の態度を親の愛と思って育ったとすれば、彼女たちが、子どもより経済的に豊かであることが、まるで子どもに対する罪悪であるかのように感じるかもしれない。

物が不足していた時代の母の愛の表現と、現代の消費社会におけるそれとが異なってくるのは当然だろう。ところが、カウンセリングで出会う親たちの多くは、子どもが貧しく親が富んでいることに対する、妙な後ろめたさを感じている。その後ろめたさは、子どもからすれば、親を責めて金を引き出す口実を与えてくれるだろう。三〇代後半の娘が、「お母さんのせいで、私はこんな苦しい人生を送ることになったのよ。私の人生を取り戻せないなら、せめて私の言う通りに〇〇を買ってきてよ！」と母に命令して、生活費を二〇万、三〇万と出させる例は珍しくない。

子どもの不足が生じる前に、つまり欲望が成立する前に金銭でそれを先取りするという親の態度はどのような影響を与えるのだろう。娘たちは、自分で欠如を感じることを奪われ、結果として欲望の欠如というもっと大きな欠如を背負わされることになる。しかし、目の前にいる母は奪うどころか与えてくれる存在として意識されており、欲望の欠如を自覚した娘たちは、それを誰のせいでもなく自己責任として受けとめるしかない。こうして、だめな娘と、よく気のつくしっかり者の母の強固な結びつきが生まれ、娘は母から離れて自立することが不可能になる。

日本経済の高度成長によって形成された親世代の豊かさは、子どもが自分の貧しさを親のせいにするという反転した支配か、それとも母(時には父)が金銭によって子どもの欲望を先取りして自立を奪うか、いずれかの関係を生み出しやすい。

だとすれば、親が豊かであることを当然のこととして享受し、せいぜい老後を自分たちの貯えと介護保険でまかなうことだろう。母たちの、妙に屈折した、子世代が自分たちより貧しいことへの後ろめたさは、娘世代に何ものももたらさないと思う。

母をどうとらえればいいの？

なぜ母性が造られたのか

さまざまなタイプの母が、さまざまな重荷を娘に背負わせていることが明らかになった。では、彼女たちを批判すれば、それで済むことなのだろうか。その前に、検証すべきことがある。これほど過剰な母たちがなぜ生まれたのか。かつては娘だった彼女たちが、なぜ母になると無神経とも思える姿を娘に向かって平気で晒すようになるのか。母たちはどのような言説・常識を内面化して出産し、娘たちを育てたのか、などについてである。それはとりもなおさず、本書に登場するような母子関係が、歴史的につくられてきたこと、社会構造的背景をもつことを明らかにすることである。

私たちが当たり前だと思っている父・母・子の三者から成る近代家族については、社会学ではさまざまに定義されてきた。私の専門領域ではないのでそれについて詳しく述べることはできないが、何冊かの本を参照しながら考えてみることにする。

キリスト教を基盤とした西欧社会においては、父と母（夫と妻）を中心として、子どもがそれと対置される。しかし日本では夫の対としてでなく、圧倒的に母は子どもとの関係においてとらえられることが多い。母という属性は、その女性のアイデンティティを形成するほどに大きい。

子どもはかわいくて当然、母性愛をもって子どもを産み育てるものだ、とする言説はいつごろ成立したのだろう。母性愛に関する一冊の本（『母性愛という制度――子殺しと中絶のポリティクス』田間泰子、勁草書房、二〇〇一）を参考にしながら探ってみよう。著者は、母性という制度を支えるために次の三点が自明のものとされていると述べる。①女性は皆、母親になるものだ、②母親は皆、わが子を愛するものだ、③子どもは皆、実母の愛を必要とするものだ、の三つである。母性については、生まれつき女性（その身体）に備わっている本能的なものであるとする本質主義的立場と、近代以降、社会の単位としての家族を成立させていくために制度的に必要とされたのが母性だったとする社会構築的立場があるが、私は後者の視点に立っていることは言うまでもない。

いっぽう、子どもという存在は古来からあったのではなく、歴史的に発見されたとされる（『〈子供〉の誕生』フィリップ・アリエス、杉山光信・杉山恵美子訳、みすず書房、一九八〇）。それまでは「不完全なひと」だった存在に、「子ども」という名づけが行われたのだ。このようにして子どもが発見され、それと同時に母親の存在意義が発見された。つまり、母親にとっては、子どもという存在が必須なのだ。母性が成立するためには子どもが不可欠であるということは、子どもからすれば抑圧的でもある。母性とはそもそも子どもにとって抑圧的であったことは強調される必要がある。それは、母というアイデンティティをもったとたんに、彼女たちが子どもに対して権力を帯びることを表している。

母性が強調されるのは、どのような時代だろう。一つは、戦時である。特攻隊の若者が、飛び立つ前に「お母さん」と叫んだという逸話はよく知られている。また、泣きながら息子を戦地に送る母の像、ふたたび子どもを戦争に送らないという母親たちの運動などがそれを表している。荒々しい男性たちの戦いの背後にあって、平和を愛し生命を育む象徴（『女と戦争』第6巻「母の世紀の序」伊福部敬子、大空社、一九九二）、もしくは男たちのアジールの表象として母性は機能している。母性の強調は、もう一つ、世界規模にまで広がった熾烈な経済の発展に伴って行われる。資本主義の経済活動においては、貨幣中心（拝金主義）の価値観が中心的になるからこそ、貨幣では買えない愛・母性愛が貴重品のように相対的に価値を増すのだ。

戦時と経済成長期、この二つが母性愛称揚の背景であるとすれば、母のおそろしさ、加害者性を浮上させることとは、低成長期と、長く続いた平和（少なくとも憲法九条の精神が建前上遵守されているという意味で）の時代だからこそ可能になったのかもしれない。それだけではない。アダルト・チルドレンということばが多くの人々に共有されたことで、子どもの立場から親を告発することへの道が開かれたことも大きい。さらに、女性学やジェンダー研究の発展に伴って、研究の範囲が母性にまで拡大されてきたことも影響しているだろう。

自己犠牲という価値

母性の特徴の一つに、自分を虚しくして子どものために尽くすこと、つまり自己犠牲が挙げられる。自己犠牲的態度が母性愛の発露であるとされることが、さまざまな問題の出発点になっているように思われる。ことばとしては、「あなたのためなのよ」「ママはどうでもいいの、あなたさえよければ」「あなたの幸せがママの幸せなの」となる。さらに最近では「ママはね、けっして自分のために言ってるんじゃないのよ」というまわりくどい弁解調で、犠牲者的態度を強調する母も登場している。

自己犠牲的態度とは、自分を後回しにすること、自分を虚しくすることで苦痛に耐えることである。耐える母、我慢する母ともつながるだろう。ではなぜこれらが問題なのだろう。

自分を（と表現する主体すらないのだが）後回しにしてどうでもいいと考えることは、自分を空虚にすることである。空虚になるということは、何者でもなくなり、目の前にいる子どもにそのまま空気のように一体化することだ。のり移る、憑依すると表現することもできるが、重要な点は、一体と感じているのはあくまでも母のほうであるということだ。年齢も経験も、時には体格や経済力で圧倒的に優位にある母が、自分を虚しくして子どもと一体だと思う。

愛し合う男女が、成人どうしで一体だと思うことはしばしばある。男女は正確には多くの点で非対称的なのだが、成人どうしの自己選択が行われ、相互が合意している点で、親子とは異なる。母が子どもと一体だと思うことは、すべてにおいて非対称的であること、子どもの合意がないことを考えても一方的である。それに、そもそも親は子どもに自分と対立する意志があるなどと考えていないのだ。「他者性の不在」そのものである。母の根拠のない子どもとの一体化は、母からの一方的押し付け（抑圧）に過ぎない。子どもにしてみれば、自分を産み育てた強大で唯一の依存対象である母が、一体であれ（一体に違いない）と迫ってくる。しかもそれは、苦痛であってはならない。母性愛の構成要素②「母は皆、わが子を愛するものだ」という自明性が、そこには発動されており、「母の愛」に違いないという幻想のベールにくるまれている。一方的で他者性を欠如した抑圧は、母の愛に変換されるようにコード化されており、その変換は同時に、自分は母を愛しているようにコード化されている。母性愛の構成要素の③は、「子は実母の愛を必要とするもの」なのだから。

子どもの側から眺めてみれば、自己犠牲的母の献身や忍耐は、その一体化の幻想によってあたかも母が自分にのり移り憑依し、最終的に自分を呑みこんでしまうように見えるだろう。虚しく何者でもなくなったからこそ、母はこうして自在に子どもを呑みこむことができる。それは、まるで予定表がすべて真っ白のままの手帳のようだ。両手を広げて母は待ち構えている。もちろん純白で空虚な頁は、すべて子どもの予定で埋められるだろう。しかし母は呑みこんだとは思っておらず、一体になったと感じるだろう。もしくは自分は子どもの一部であり、すぐさま反転して子どもは自分の一部なのだと思う。虚しくなった母の主体は表向き撤去されているので、主客の転倒は、自在に容易に起きるのだ。母から子どもへの他者性の不在は、このように子どもが、虚しく何者でもない母の思いのままになることを意味する。母子心中という日本特有の子殺し（と同時に母の自殺）は、そのことを如実に表している。

呑みこむ愛のからくり

子どもが、自分が母に呑みこまれていることを自覚できるようになるには、かなりの年月を要する。なぜなら、呑みこまれている状態が、母の愛に包まれ母を愛していることそのものなのだから。だから呑みこまれた子どもは、そこから脱出することなどできない。

そして犠牲者・被害者である母は、絶えず「あなたのために」と唱え続け、子どもは自分のせいで母は被害をこうむったのだと認知するようになる。母の自己犠牲的態度は、こうして子どもの根深く理由のない罪悪感を喚起する。母に対する感情は、罪悪感だけが許容され、怒りや抑圧感や恨みなどは禁忌となる。子どもは、呑みこまれてそこから脱出する可能性が見えないどころか、脱出という二文字すら思い浮かべることもできない。

犠牲者・被害者とは、自分の権利を侵害された無垢なひとたちのことを指す。無垢＝イノセントであることで、母は犠牲者ゆえの正当性・正しさを獲得する。そして正当性が認められる度合いは、母が権利を剝奪される度合いに比例している。苦しめば苦しむほど母は正しくなるということ、このからくりのただなかに呑みこまれた子どもは、おそらく八方ふさがりの感覚にとらわれるだろう。母の不幸、犠牲者としての人生は正しいのであり、犠牲者化は自分のせいで起きている。そんな自責感によって、抵抗・脱出などという可能性は最初から消去されている。たとえ抵抗したとしても、それは不正義そのものなのだ。なぜなら、自分のために犠牲になった母への抵抗を正当化する根拠などどこにもないからだ。あの母の不幸な犠牲者化を超える正義など存在せず、母の否定は正義の否定となり、それはくるりと転回して正義を否定する自分の否定につながる。抵抗の芽は最初から摘まれてしまっており、どうあがいても、正しいのは母であるというからくりから脱け出ることはできない。これが、母と一体になった（させられた）子どもの姿なのである。

そもそも母は自己犠牲的だったのだろうか。「的」と呼ぶには理由がある。本当に（この表現はあまり使いたくはないが、それが偽りであることを強調するために使う）母が自分を犠牲にしているなら、子どもの他者性を抑圧などしないはずだからだ。「自分の欲望などない」という偽りの前提が、欲望に反する可能性をもつ子どもの他者性を抑圧・否定している。ないはずのものに対して離反はできないからだ。抵抗、離反、反抗を避けて、自分の欲望のままに子どもを操作することを可能にしようとして、母は自己犠牲の演技にふけっている。しかもそれらは自覚的、意図的ではなく、母自身が自己犠牲的役割遂行の苦痛に半ば嗜癖し酔っているので、いっそう見破ることが困難であり、たちが悪い。

しかし苦痛は苦痛であり、快楽ではない。そう思わせることが、母たちの隠れみのになっている。母がおおっぴらな快楽を味わうことは、世間や夫によって禁じられてきたはずだ。家庭という小さな隔離地帯の中で快楽を味わうことぐらいは、温情的に、どこか恩寵のように許されるようになってはきたものの、基本に横たわるものはそれほど変化してはいない。とすれば、母性がなぜ自己犠牲的なのかが理解できる。

「ママはどうでもいいの、あなたさえ幸せなら」という自己犠牲的発言の背後に淀んでいる欲望の存在を明確にすること。それは裏返せば、自己犠牲的な態度でしか母の欲望を実現することは不可能だったことを証明することでもある。母の自己犠牲は、たった一つ許された欲望実現のための手段なのである。その欲望は子どもだけに一極集中して向けられる。

母性が歴史的に構築されたものであること、国家を構成する一単位としての家族を維持するために母性が活用されてきたことが、自覚されることは少ない。母性＝正義＝自己犠牲的というシェマは、夫にとっても都合がよく、社会全体にとっても、最終的セーフティネットとして使い出があるだろう。そればかりではない。シェマを内面化した母たちも、その自明性が揺らぐことを怖れている。それは、彼女たちのアイデンティティを脅かすからである。子どもの立場からは、周囲はすべて自己犠牲的母性の称揚で埋め尽くされているように感じられるだろう。

自分を脅かしている存在は、通常外見は恐ろしげである。ところが、母は自分が依拠している母性信仰と無謬《むびゅう》性の確信ゆえに、無邪気である。抵抗とは、抵抗の対象である悪意、敵意、自覚された加害を必要とする。ところが母は、底抜けの善意と、無邪気な一体感、そして「疑いもなく」正しいという確信に満ちているのだ。あまりの落差、異文化に近い断絶は子どもから力を奪う。そして、抵抗不能であることを認知したとたん、子どもを襲うのは深い深い、まるで底なし沼のような無力感である。

ここまで読まれた方が娘の立場であれば、かすかな希望すら閉ざされてしまったと感じられるかもしれない。母親の立場であれば、今さらながら思いもかけない指弾を受けて、暗く遣り場のない感覚に襲われるかもしれない（そうあってほしい）。

通常の評論なら、それでもう目的は達したことになるだろう。しかし、私はカウンセラーである。私の役割は、そこから先の方向性を探ることにある。どんなにかすかでもいい、読んだ方たちに、希望のかけらを感じとってもらいたいと思う。それも、実践的で現実的な希望を、だ。

次章では、カウンセリングの経験を通した私なりの提言、アドバイス、具体的方法について詳しく述べることにする。そこでは、母たちの隣りに存在する「父親」たちについても、多くの紙数を割くことになるだろう。

3 迷宮からの脱出

——問題解決の糸口

母に対する処方箋

これまで述べてきたのは、いささかグロテスクで巧妙な母の手法について、そして娘の痛々しさと苦しみの数々であった。

カウンセラーとしての毎日は、そのような娘、そして時には母に対する具体的はたらきかけや支援、提案などで明け暮れていると言っていい。本章では、そんな私のカウンセリングにおける手の内、方法、秘訣といったものを述べてみたい。とは言うもののそんな手品や魔法のような解決法があるわけではない。長年の経験から取捨選択し、かっこよく言えば洗練されてきた方法らしきものについて述べたい。私は医師ではないが、ここではわかりやすく処方箋ということばを使うことにする。

母がカウンセリングにやってくるのは？

カウンセリングの場に墓守娘たちの母親が訪れることは稀だ。なぜなら、母たちは墓守娘がじっと支え耐えてくれているので全く困ってはいないからだ。それどころか、あらゆる苦悩や寂しさ、虚しさといったものを遮蔽《しゃへい》してくれる娘という存在がいることで、人生の果実(とは言ってもつつましやかなものなのだが)を十二分に味わっている。しかも、娘に支えられている安寧を手放したくないがために、時には「この上なく不幸である私」というポジションをなかなか手放さない。それさえあれば、決して娘は遠くに去らないだろうとばかりに。娘はまるで見えない鎖でつながれているか、GPSで居場所を探知されているようなものである。

では、どういうときに母親はカウンセリングにやってくるのか。

ひとつは、娘に問題が起きたときだ。摂食障害、リストカットのような、娘が自分を傷つけるような行動を起こした場合は、さすがの母たちも驚いてカウンセリングにやってくる。このような問題行動・症状につきものとして「母への攻撃」がセットになっている。まれに自分一人で抱え込み、ひたすらやせ細り「お母さん、ごめんね」とあくまで母のよき娘であり続けることもあるが、多くはこれまでの母への不満や怒りを爆発させる。病気にならなければ、母への反乱が起こせなかったかのように。そのような娘をみて、母親たちはとるものもとりあえずカウンセリングにやってくる。

時には、病気にならなくても母親がやってくる場合がある。それは自分の思い描いていた人生行路から大きく娘が外れた場合、もしくは外れようとしている場合である。

たとえばこんな例だ。大学院まで出した娘が、バイト先で知り合ったフリーターの年下男性とつきあい始めた場合。代々続いた旅館を継いだ母親は、長女を必ず後継者にと考えていたのに、アメリカに留学したまま日本に帰らないと言った場合。キャリアを積む娘が「ママ、私は絶対結婚なんかしないからね」とつぶやいたとき……などだ。いずれも母親が思い描いていた人生のコースを娘が外れようとしていることに危機感を抱いてやってくる。そんな母親は、まるで手負いの獅子のように凶暴になっている。その迫力は恐ろしいほどだ。ある母などは、必死に相手の男性と娘を引き離そうとして娘を自宅に監禁までした。座敷牢に閉じ込めた江戸時代さながらである。また、娘が、認められない男の子どもを妊娠したことがわかって、中絶させるために娘をだまして精神科病院に入院させようとした母もいる。

まず教育プログラムから

そんな母親たちにまず必要なことは、教育である。といっても、別に学校教育のようなものではない。彼女たちの不安と恐怖（ほとんどパニックに近い）は独特のエネルギーに満ちている。それを活用して、彼女たちの変化を促していくのだ。

講義形式で話をするのだが、その目的は、私たちのカウンセリングセンターの方針、基本的方向性を開示する点にある。宗教団体のように、とにかく信じなさいと説き伏せるのではなく、できうる限りの学問的根拠や例証を示しながら、彼女たちがカウンセリングを続けていこうという動機を高めるためである。そしてもちろん、私たちのカウンセリングに対する信頼感を高めるためでもある。

具体的には次の方法が有効だ。

◆ねぎらい

一番のポイントは、まず彼女たちのこれまでの努力をねぎらうことだ。

「よくやってこられましたね、大変でしたね」

このひとことがどれほど大切かを私は実感している。彼女たちは、たった一人でがんばってきたことの重圧感と孤立感に満ちている。一番の話し相手だった娘たちが、自分から離反し、ときには攻撃しているのだから。そして伝える。

「皆さんはご自分を責めないでください。自分が悪かったと思うことは、何も生み出しません。母親として愛情不足だったと考えることはやめましょう」

このように伝えることは、彼女たちを全肯定しているからではない。母親たちを責めて批判することで生まれるものは、マイナスばかりだからだ。日々自分を責める娘たちと接触している彼女たちを、カウンセラーが批判すればどうなるだろうか。そのはけ口は娘に向かうだろう。基本的信頼関係は、クライエントがこんな自分がどこかで承認されていると感じなければ生まれない。また、彼女たちの変化は、息の長いプロセスを踏まなければ生じないこともつけ加えておきたい。

◆見通しを示す

次に必要なのは、今後のカウンセリングや援助のプロセスをおおまかに伝えることだ。個人カウンセリング、グループカウンセリングの可能性を提示していくことで、彼女たちの見通しが成立するだろう。見通しが与えられることは、希望が見出せることにつながる。彼女たちがその時点で望んでいること（とにかくふつうの娘になってほしい、ちゃんとした男性と結婚してほしい……）への希望だったとしても、それはかまわない。先への希望が成立することで、当面実行しなければならないことも見えてくるからだ。

◆仕組みと構造を知る

ここで役に立つのがシステム家族論であり、近代家族の成立にまつわる概論である。彼女たちが（おそらく多くの日本人が）当たり前でふつうの家族と考えているものが、実は明治以降に、日本が近代国家として列強に伍していくための橋頭堡《きょうとうほ》としてつくられてきたものであるということ、それを近代家族と呼ぶことなどを、できるだけわかりやすく話すのだ。家族とは万古普遍ではなく、世界共通でもなく、本能的なものでもないというだけで、少しは（たぶん）というのを知ってもらうためにである。家族を相対化することで、少しは（たぶん）彼女たちも楽になるだろうという私の希望的観測とサービス精神からなのだが……実際どこまで理解されているかは定かではない。

システム家族論は、近代家族の仕組みを理解するために、夫婦のシステムが脆弱であることの問題点を指摘するためには、実にわかりやすい理論だ。要は、夫婦がちゃんと連携して、子どもとの関係よりまず夫婦の関係を優先してください、ということが骨子になっている。私自身は必ずしもシステム論の立場に立つわけではないが、墓守娘たちの苦しみを生み出す一つの根拠として、両親の夫婦関係の脆弱性があると考えている。

「世代の境界」ということばでその脆弱性は言い表せる。システム論的家族療法では、親と子の間に世代の境界（バウンダリー）が必要であり、それが「侵犯」されることで問題が生じやすくなるとされる。実際、この理論をアルコール依存症の家族にあてはめると具体的によくわかる。墓守娘の苦しみも、世代の境界を母親が侵犯することで生じると言うことも可能だ。

この理論は、母親たちにも理解されやすい。彼女たちの夫婦関係がいかに空疎であり崩壊しているかを、まざまざと感じさせられているからかもしれない。世代の境界を何度も強調するのは、親子関係を変化させる際のキーワードになるからである。

◆名前をつける

家族の中で生起することに、なかなか名前はつけられない。「いやなこと」、「ヘンなこと」と表現できても、それがどのような名前で呼ばれるのかは意外と知られていない。夫が「手を上げること」が「暴力」「DV」と名づけられることで、夫婦の関係はがらりと変わるように、娘がダイエットをしてやせ細ってしまったことを「摂食障害」と名づけることで、カウンセリングへの動機が成立する。教育プログラムでは、世代境界、夫婦システム、DV、アダルト・チルドレン、依存症などのことばを説明し、彼女たちの家族や原家族で生起していたことに名前をつけることを促す。命名されることで、そのできごとを外在化することができる。外在化すれば、それを対象化でき、他者と共有もできるだろう。そうなれば、カウンセリングでも取り扱うことができるようになる。

一番重要な命名は、彼女たちが「愛情」「母の愛」と考えてきたことに対して、「支配」「コントロール」「共依存」といったことばを与えることだ。これは一種のリラベリング(ラベルの貼り替え)とも言え、それによってこれまでの思い込みが転換することになる。「良かれと思ってやってきたことが、娘を支配してきたのだ」ということがその命名によって明らかにされる。しかし、彼女たちにそれがすぐ理解され、了解されるわけではない。「はぁ、そんなもんですか」と言うのが正直なところだろう。一種のショック療法的効果を与えることが目的なのだが、それほど打撃を受けない人ほど理解度が低いことは言うまでもない。

講義の終了後、参加者から質問を受ける。積極的に質問を発するひとと、そうでないひとがいるが、他の参加者の質問とそれに対する私の答えを聞くことが、しばしば大きなヒントになることは珍しくない。

グループカウンセリングの効果

教育プログラムを終了後、母親たちは担当カウンセラーからグループカウンセリングに参加を勧められる。グループの名前はKG（共依存のグループ）といい、子どもの問題で困っている母親たちで構成される。

問題は多様である。引きこもり、薬物依存症、アルコール依存症、摂食障害、暴力、ニート、浪費、ギャンブル依存症、不登校などである。この多様性が、参加者の比較・競争を抑制する効果をもっている。同一の問題であれば、すぐに比較や嫉妬といったものが始まるが、多様性がそれを防ぐのだ。問題は多様であろうと、家族の構造や対応においてそれほど違いがないこと、彼女たちの望んでいることにそれほどバリエーションがないこともわかり、そのことがグループの効果を高めることにつながっていく。いわば、子どもが人生でつまずいたことに責任を感じ、母としての人生に挫折を感じている女性たちばかりなのである。

グループカウンセリングの柱になるポイントを説明しよう。

1　誰の問題かを明確にする

これを第一の課題にしなければならないのは、母親は子どもの問題＝自分の問題と考えているからだ。子どもの問題であって、母である自分の問題ではない。文字で記すと当たり前のことに見えるが、彼女たちの日常生活ではその区別は非常に困難だ。それはまんざら彼女たちの責任だけではない。夫も「お前の育て方が悪かった」と言い、世間も親類も「母親の責任よね」と暗黙の批判を浴びせる（ように彼女たちは感じている）。だからこそ彼女たちは、いつの間にか娘の問題は自分の問題と考えるようになってきたのだ。これは本書全体を貫くテーマとも深いつながりをもっている。子どもと母の間に境界（バウンダリー）を形成することは、いわば常識との闘いなのだ。それがどれほど困難かは、このことばを繰り返し繰り返し説明しなければならない現状からよくわかる。

2　コントロールをやめる

殴ってやめさせること、怒鳴って禁止することもコントロールである。しかしここで言うコントロールは、むしろ一般的には推奨されてきたことを指している。「説得」「お説教」がそれだ。彼女たちは何百回も子どもに向かって「そんなことしたら身体に悪いでしょ」「もういくつになったと思ってるの」「あと一〇単位で卒業できるのだから、がんばって大学くらい卒業したらどうなの」と言いつづけて来た。時には反論できないように「あなたのために言ってるのよ」というあの何とも言えない接頭語を付けながらの説教である。子どもの立場にすればたまらないこれらの発言を「やめる」ことが、第二の柱である。

それ以外にもある。「推測」「理解」である。けっこう的外れであることが多いのに「あの子はきっとつらいに違いない」「あの子がヘンなことばかりしているのはいじめられたからだろう」「あの目つきは私の愛情を求めてるんだわ」などの推測は、親子間で息詰まるほどの密度の高さで日々交換されている。

中途半端な理解などしないほうがいい。むしろ有害である。

そう思うほどに彼女たちの理解や推測は、子ども本人の考えていることとずれている。彼女たちの理解は、子どもたちにすれば無理解で的外れなのだ。自分の子どもとはいえ、すでに成人していれば自分の理解を超えるのだということを、母親たちはなかなか認められない。こんなズレや無理解が生じるにつれて、母と子どもの関係は遠ざかるどころかもっと近づいていく。ズレや無理解を埋め合わせようとする母と、理想の母親像を求めて「お母さんならわかってくれてもよさそうなものなのに！」という怒りに満ちた子どもが四つに組んでしまうのだ。こうして魑魅魍魎《ちみもうりょう》、纏綿《てんめん》という画数の多い字体でしか表現できない母と子の関係性が生まれる。

「アドバイス」もやめたほうがいい。命令ではないという気楽さから、多くの母たちは子どもへの願望を「〜したら?」「〜じゃないの?」という容器に詰め込む。子どもにすれば、たまったものではないだろう。ソフトな形式の容器であっても、中身は命令とそれほど違わない。子どもに強いていることに変わりはないのだ。

だからこそ、コントロールとは何か、それをとりあえず一つずつやめていくことを、グループカウンセリングで根気よく学習してもらうのである。

3　I-message（アイ・メッセージ）をする＝掛け捨ての保険

地方自治体の公民館などでは、しばしばアサーティブトレーニングという講座が開かれている。自己主張トレーニングとも呼ばれるが、自分の言いたいことの主張の仕方、相手の話の聞き方などについて、具体的に練習しながら学べる方法のことである。アイ・メッセージもその中に含まれることが多い。一見わかりやすい方法にみえるが、この方法のもつ奥深さ、恐ろしさに気づいているひとは少ない。単に主語を私（I）にして語る方法論と理解されているからだ。

たしかに主語を私にして語ることは、家族内のコミュニケーションを大きく変える。家族成員のクッションになり、他のメンバー（夫や子ども）を優先してきた母親が、「私は～」と語るのだから何かが変わらざるをえないだろう。

アイ・メッセージには三種類ある。

①プラスの感情を伝えること⇓（楽しい、うれしい、しあわせだ、ほっとする……など）

②マイナスの感情を伝えること⇓（悲しい、つらい、不安だ、こわい、残念だ……など）

③意志を伝えること⇓（私は～思う、考える）、要求を伝えること⇓（私は～して欲しい）

自分の意志や要求、さらには感情を主語と共に伝えることは、それほど容易ではない。「こんなことを言えば必ず反対されるに決まっている」「言ってもおそらく理解してもらえないでしょう」「そんなこと言ったらあの子から暴力を受けるに違いありません」といった反応がほとんどだからだ。

家族は、現状をこれまで続けてきた慣性によって成立しているところがあり、できるだけ維持や存続にマイナスになることを避けて会話をかわす集団である。肝心なことは語られず、地雷を踏まないような無難な会話こそが家族の会話である。

しかし問題が起きた以上、一番語られなかったこと、語られるべきことを伝えなければならない。しばしば、子どもが荒れたときにそれらが噴出する。ふだん言えなかったことを、ここぞとばかりに親のほうからも表現する。これは、一番避けるべきパターンである。平和で穏やかなときにこそ、静かに落ち着いてそれを伝える必要がある。それが、何より困難なことは言うまでもない。彼女たちにそれを宿題にすると、本当に死ぬ思いで実行してくる。たとえば「あなたのその行動は摂食障害だと思います。私にできることは限られています。だから専門機関に治療に通ってほしい」と娘に言うのである。これを伝えれば、病気を否認している娘がどんな反撃をしてくるかが手に取るようにわかる（と考えている）母たちは、怯えるのだ。

しかし、本人との関係の再構築は、その恐怖を乗り越えて肝心なメッセージを伝えることからしか始まらない。私たちカウンセラーはその後押しをするのだ。その場合に、私はコツとしてこう伝えることにしている。

「反応を気にしないことです。きっとこう言うだろうとか、否定するに違いないなどといった相手の反応を気にしないようにしてください。言えればそれだけで一〇〇点なんですよ。そう、掛け捨ての保険だと思って実行しましょう」

こんな私からの後押しがあって、どきどきしながら彼女たちはがんばってアイ・メッセージを伝える。そうすると不思議なことに、予想したような反応が返ってこないことのほうが多いのだ。彼女たちの恐怖に根拠がなかったことに気づくと、さらに自分の感情や意志を伝えることが容易になる。アイ・メッセージをすることは、このように「相手の反応を気にしない」というコミュニケーションの断念を意味している。見返りを求めないコミュニケーションは、まさに掛け捨ての保険である。

もうひとつ、アイ（I）と表現することによる他者性の構築を挙げておこう。主語のない会話は、Iがないゆえに、YOU（あなた）を構築しない。つまり境界をつくらない会話なのだ。母たちが「私は」と言うことで、子どもも夫も他者性を帯びることになる。

アイ・メッセージによって彼女と子ども、そして夫との関係は少しずつ変わっていく。

隠されたテーマ

KGのグループカウンセリングを続けていくと、しばしば予想もしなかったようなテーマが浮かび上がる。本来子どもの問題でカウンセリングに来ていたはずなのに、夫との関係に正面から向き合わなければならなくなるのだ。

システム家族論のところで述べたように、夫婦のシステムの強化がなければ、世代の境界は容易に侵犯される。したがって、夫婦が協力して、行動方針が一定程度共有されることが子どもの問題解決には必須なのだ。実際、夫婦がそろってカウンセリングに訪れた場合、問題が解決する確率は非常に高い。しかし、現実にはそのような夫婦は多くはない。なぜ夫は妻の必死の努力に対して協力しないのだろうか。

彼女たちは、夫の協力を得ることなどとうの昔にあきらめてしまったにもかかわらず、再度働きかける。それは子どものためにであり、グループカウンセリングでそれを勧められているからだ。

ほぼ八割の夫たちはそれでも首を縦に振らない。カウンセリングにやってこない、非協力的ならまだいい。中には妻の態度を批判して、真っ向から対抗し、妨害する夫もいる。そうなると、彼女たちはいったい家族の中で誰が一番問題なのかと思わざるを得なくなる。こうして解決すべきことの順位が変わるのだ。子どもの問題と思っていたのに、実は一番の問題は夫だったという結論に達するひとは珍しくない。

父に対する処方箋

空虚な中心としての父

いよいよ次の処方箋に移ることにしよう。主役の登場である。

墓守娘の嘆きは表向きは過剰な母に対して向けられていたのだが、よくその関係をみつめていると、そこからもう一人の存在が浮かび上がってくる。そのひとは同じ空気を吸いながらも息をひそめているようであり、同じ地平に立ちながらもどこか中空から見下ろしているようでもある。居ながらにして不在であるひと（＝父）こそ、母と娘をめぐる問題の中心にいたのではなかっただろうか。空虚な中心という表現は、たとえば日本の天皇について用いられたりするが、父たちの存在を表すにも適切な比ゆである。不在に見えて（見せて）、その実彼らは中心に位置しているのだから。

ここで一つの問いが生まれる。娘たちは母から生まれたのだが、当たり前のことだが、母だけで子どもをもうけることはできない。父との性的関係があればこそ、母は妊娠し出産したのだ。父のDNAは確実に娘に受け継がれているに違いない。ところが、母と娘のドラマに父は不在だ。父はどこにいるのだろう。

父の不在のパターンは、次のように分類できる。

①母に対する迫害者・加害者（苦しめる存在）
②母のバイプレーヤー（ドラマの脇役として傍らで意味もなく動きまわる存在）
③傍観者（見て見ぬふりをしたり、ぼーっと眺めている存在）
④逃亡者（いなくなったり、気配を消してしまう存在）

①は、DVをふるったり浮気を繰り返したりして妻を散々苦しめ、その光景を無神経に娘の前に曝《さら》し続ける父親だ。彼らは過剰な存在感をもっているので不在とはいえないかもしれないが、負の存在であり、プラス（正）の存在としては不在であるといえる。

②は、定年退職後に、会社という家族から本来の家族にうまくソフトランディングした夫たちだ。地域活動や趣味に専念しながら、しかし父としての責任などに思いも及ばず、モンスターのように存在感を増した妻の周囲を跳ね回っている。妻の行動にクレームをつけることから派生するストレスを回避するために、妻をプチ帝王として祭り上げておけばいいという現実的判断がそこにはある。これは、妻を尊重しているかにみえて、その実、単にスポイルしているに過ぎないのだ。世間からは「いいご主人」と評価され、

ている。

③は、DVをふるったり妻に取り入ったりするわけではない。まるで抜け殻のように、会社での仕事以外は、新聞を読み、テレビを見て食事をするだけの日常である。目の前で、妻が子どもに殴られていても知らん顔をしている。いるかいないかわからないし、意志の疎通などは望むべくもない。そんな可能性は、妻や子どもからとっくに除外されている。

④の父は、離婚したり、蒸発した父や、あまり帰ってこない父のことを指す。仕事で不在がちの父もこれに入るだろう。たまに帰宅しても、そこにいる気配さえ感じさせず、透明人間のような父だ。

これら不在の父は、母と娘の関係性をほとんど理解していない。まして、娘に生じている苦しみや重圧など思いもおよばないだろう。娘の母（妻）に対しては、せいぜい「子離れしていない」「いつまでたっても娘は娘なんだろう」といった批評を与えるくらいで、そこに彼自身が関与する可能性があること、関与すべきであること、その関係性に対して父（夫）である彼にも「責任」があることなど、想像もしていないだろう。不在の父を正当化しているのは、たとえば家父長的イデオロギーである。働いて給与を稼いでいれば、それだけで十二分に父として存在しているのだ。少なくとも彼らはそう思っている。ふたこと目には、「ギャンブルやるわけじゃなし」「暴力をふるっているわけではない」と言う。アルコールの問題がある父は、「浮気をしていないし、満足に働いているじゃないか」と言う。まるでもぐらたたきのように、「～をしていないからそれだけでも感謝しろ」と、彼らを正当化する理由は無限に登場する。日々メディアを通じて流される多数派の常識は、彼らのことばを補強する。暴力をふるわなければ、浮気をしなければ(そしてばれなければ)、借金をしなければ、どれほど無関心であろうと彼らはよき夫であり父であるのだ。このように、よき父であるハードルは恐ろしく低く、ほとんどなきにひとしい。それは彼らの言動にもはっきり表れている。

しばしば、娘や息子に問題が生じた父親が、母親からの強い勧めでカウンセリングに訪れるのだが、多くの父親の態度に共通する特徴は「妻の態度の評論家」であることだ。娘や息子と妻との関係をチェックし評価する存在、たえず母子のシステムの外部に存在し、客観的で中立的にその問題点を認識している存在であることをよしとしているのだ。「僕から見ますとですね、女房のものの言い方がきついんですわ。もうちょっと柔らかい口調で話せば娘だってあんな反応しないと思いますよ」と語る彼ら。食卓を囲みながら、娘が妻のことばに怒って茶碗を投げたというできごとへの発言である。素朴な疑問は、彼はそこにいたのかいないのか、だ。まるで、隣室から観察しているかのような発言だ。

「その場にいらしたんですか？　ああ、そうですか、じゃ父親としてその二人にどんな態度を取られたんですか？」と質問をする。すると答えはとたんに曖昧になる。多くは何も言わずにいたというものだ。要するに妻と娘のあいだのできごとなので、自分はそれを黙って見ていたということだ。彼らは時として、効果的なキーワードを使う。「あるがままに」「娘のやりたいように」「よけいな介入を避ける」といったものだ。これら、彼らの対応の正当性を担保し、「不在」を正当化することばを私は許さない。耳に痛いだろうが、「それって私には『逃げた』ようにも見えるんですが……でもまさか、○○さんはそんな卑怯な態度を取る方とは思えませんが」などと一撃を与える。

驚くのは、彼らが自覚的に逃げているわけではないということだ。ことばによる表現方法が、傍観者的であることの自覚もない。まるで、職場の会議での業務報告と同じ態度で語っているだけなのだ。おそらく、それ以外の語り口を知らないのではないだろうか。感情をまじえずに、客観的に語ることのほうが、生々しい情緒とともに語ることよりずっと上位に位置する。そんな価値観を、長年にわたり刷り込まれているのだろう。実は、自分もそこに関与していることを考慮しつつ、状況に内在しながらそれを描写することが求められているのだ。自分もその一員である家族のできごとは、すべからく、そのようにしか言語化できないだろう。ところが彼らはそのような語り（ナラティヴ）をいつのまにか忘れてしまっている。

語り口は、存在のしかたをそのまま写し取っている。とすれば、彼らは明らかに家族の外部にいるのであり、中年のメタボな身体はそこに存在しているとしても、そこに父は不在のままなのである。

過剰に暴力的な負の存在か、それとも無自覚なままの不在か。両極端でしか存在しえない父親たち。これらが背景にあることを見つめなければ、母と娘の関係性は理解不能だろう。なぜなら母親だけを批判して、母の加害者性だけを単独に取り扱うことになってしまうからだ。不在の父によってもたらされる数々の苦痛や怒りとあきらめ、失望と恨みが、彼女たちの娘との関係性に影を落としていることを忘れたくはない。そして父の不在を正当化し、彼らの無責任さを容認しているドミナントな言説（常識の数々）も指摘しなければならないだろう。

登場した父親のパターン

妻（母）に対するKGでの隠れた主題は、そんな夫（父）の存在を認識することにある。彼らは、彼女たちが必死で娘に対応しようとしても平気で新聞を読んでいる、もしくはそばから口出しをして努力を水泡にしてしまう。そしてひとこと不満を口に出そうものなら大声で怒鳴る、威嚇する、不機嫌さを振りまき一切口をきかない、などの行動をとることで妻たちを心底震え上がらせている。

妻たちの勧めに対して、かたくなに抵抗してカウンセリングにやってこないのは、彼らの表向きの弁明「意味がない」「宗教にかぶれているのか」「お前には自分の考えというものがないのか」が理由ではないだろう。たぶん、彼らは妻の主導で動くことがいやなのだ。それが男の面子《めんつ》というものなのだろうか。もうひとつの理由は、おそらく自分が批判されるのではないかと怯えているからだろう。

一五年以上前だっただろうか、息子が自殺をするかもしれないという危惧を抱いている母親がカウンセリングにやってきたが、何度勧めても夫はカウンセリングに来なかった。無理やり精神科病院に入れることができない以上、息子を救うことは困難だと思われた。そのためにはどうしても夫の協力が必要だった。彼はカウンセリングに行けない理由を、韓国出張が重なるのだと主張していたが、実はゴルフ三昧の休日を過ごしていた。そして、その年の暮れ、息子はぶら下がり健康器で首を吊って亡くなった。息子の死後半年して、母親は夫のもとを去った。

その男性のことを思い出すたびに、私は、父親たちの情けないほどの強がりと裏側にある怯えを感じ取ってしまう。彼らはひたすら自分を守ることに汲々としているのだろうか。

何しろ不在なので、なかなか父親に出会うことは難しい。だが、まったくいないわけではない。原宿カウンセリングセンターにやってくる父親の数は母親の数の一〇分の一であるが、カウンセリングの場に登場した父親を描くことで、不在の父の姿を類推することは可能だろう。

カウンセリングへの動機づけの高低はあるが、とにかく時間とお金を使ってやってきたのだから、彼らの努力は正当に評価されるべきだろう。三つのタイプに彼らを分類してみる。

1　率先してやってくるタイプ（動機は高い）

このタイプの父親は、非協力的な父と比べると夢のような人物に思えるかもしれないが、そう事は簡単ではない。彼らは「家族のことは自分が率先して解決しなければならない」と意気込んでいる。たいていはインターネットや書籍などを調べつくしてやってくるので、細かい説明や気配りをほとんど必要としない。

カウンセリングのために資料を作成して持参し、娘の症状を細かく時間経過的に説明する態度には熱情溢れるものがある。彼らに共通しているのは、妻（娘の母）に対する軽蔑と不信感である。妻が甘やかしたから娘はこうなった、だから妻に任せておいてはどうしようもない。やっぱり子どものことは父である自分が采配をふるうべきだ、と。

そこまであからさまに言わないまでも、ことばの端々に「愚かな妻」「子育ても満足にできない妻」への不満がにじみ出ている。自分の考えた方法を実行するに当たって協力してくれるのがカウンセラーだ、といった支配的態度もそこに見え隠れする。彼らの家父長的態度の背後に、長年の妻へのDVがひそんでいることはよくあることだ。

とはいえ、戦略的には彼らの熱情は評価しなければならない（もちろん「ほめること」は欠かさない）。しかし、彼らよりもっと長い時間娘と接触しているのは母親である。夫から責められながら（DVを受けつつ）、娘と毎日顔を突き合せなければならない妻と、そんな夫婦関係を敏感に感じ取りながら、両親間の不一致・不和を自分の問題の遷延《せんえん》（ときには軽減）のために利用する娘との膠着した関係、そこから距離をとって「一人勝ち」のポジションから高みの見物を決め込んでいる夫という構図が、彼らの発言から見えてくる。しばしばこのタイプの父は定年退職して時間をもて余している。

とりあえず私たちがやるべきことは、夫を評価しながらも妻の来所が不可欠である理由を説明し、カウンセリングを妻に勧めるよう働きかけることである。しかし多くの妻たちは、侮辱され批判されてきた夫が推薦するカウンセリングにはなかなか来ない。夫婦が対立している場合、カウンセラーは夫の味方だと妻が判断することは珍しくない。いつまでも妻の来所にこだわり続けるカウンセラーを、夫のほうで見切りをつけて来なくなることもあるが、そうなってから妻が夫に黙ってこっそりカウンセリングにやってきたりする。

2　困り果ててやってくるタイプ（動機は高い）

あらゆる母が娘の問題に責任を感じるわけではないと思うのは、まったく無関心を装って何もしない一群の母の存在を知らされることによってである。彼らの妻は、娘の問題に何一つ努力をせず放置し続ける。それどころか問題に気づいていない場合もある。摂食障害で体重が三〇キロを切る娘を見ても、単にやせすぎとしか思っていない。そんな妻の態度を見かねて彼らはやってくる。よく話を聞くと、妻にアルコール問題やリストカットなどが見られることが多い。仕事に忙殺されつつ家族の問題も背負っている彼らが、かなりヘビーな状況であることに間違いはないだろう。ちょうど不在の父の傍らで娘との関係に困り果てる母のように、彼らは母として機能しない妻と娘との間で困り果てている。そして、そんな妻を殴って強制するわけでもなく、「妻だってかわいそうなんですよ」と時には妻をかばったりするのだ。

まれにそんな妻たちが夫の懇願に負けてカウンセリングにやってくると、口をついて出てくるのが夫や親への不満である。親から虐待されてきたこと、どれほど満たされない人生を送ってきたかなどを語り、たしかに娘の問題も大変だろうが、私だって大変だと言う。娘にケアを与えるどころか、彼女たちは夫や他者からのケアを求めているのだ。夫からのケアをめぐって、娘と競っている例も珍しくない。

3　妻に言われてしぶしぶタイプ（動機は低い）

多くの父親たちはこのタイプである。できるならカウンセリングになど来たくはないが、妻から懇願されれば断れないというのが正直なところだろう。彼らをつなぎとめて妻との連携プレイができるように方向付けていくためには、とにかく彼らを肯定的に評価し続けることが重要である。企業や組織で仕事をし続けてきた彼らは、意外にも他者からの評価を求めているのだ。もうひとつは、理論的に対応方針を説明することである。彼らは会社の会議に出席するようにカウンセリングの場にやってくるので、目的、方針、方法、などについて明断に伝えれば、目を輝かせてノートにメモを取る。それは彼らの達成感につながり、知的理解が窓口になって行動の変化が生じることは多い。

パパズグループのねらい

さて、これから具体的処方箋を述べようと思う。彼らに伝えたいことは山ほどあるが、処方箋はその一部であり、控えめでささやかな内容になっている。それは、登場した父親たちが参加する月一回のグループカウンセリング（父親グループ＝パパズグループと呼んでいる）で、繰り返し私が彼らに伝え続けている内容と重なっている。

彼らへの呼びかけなので、第二人称を用いていることをお断りしておく。

1　妻をねぎらい、支えること

専業主婦であろうと仕事をしていようと、子どもの問題に翻弄されている妻に対して「おつかれさん」「大変だったね」「よくやってるね」ということばを掛けてほしい。あなたたちは、たぶん他者からねぎらわれることに慣れているだろう。飲み屋に行っても「おつかれさん」と言われるだろうし、バーやスナックに行けばママさんがいっぱいねぎらうことばを掛けてくれるだろう。金を払えば女だって同じだろうと思われるかもしれないが、その点では男女は明らかに非対称的である。男性をねぎらうシステムは社会の再生産構造の中にちゃんと組み込まれている。あなたたちを癒すことが、日本経済の発展を支えることになると考えられているからこそ、膨大な歓楽街は存在し、家族の中ではちゃぶ台返しなどの好き放題が許されてきたのだ。

しかし、私的領域である家族は、妻による関係のマネジメントで成立っている。そんな彼女たちの一番の支え手は、あなたたちである。夫は妻を支える、これを命題としてあえて強調しなければならないのは、彼女たちの支え手がいないからなのだ。いやこの言い方は不正確だ。彼女たちはあなたたちからの支えを早期に見限って、娘や息子たちにそれを求めてきたのだ。あなたたちはふたこと目には「早く自立をしろ」「甘えるんじゃない」などと説教してこなかっただろうか。再生産構造の中でケアされ続けている父親の姿を見れば、一番甘えているのがあなたたちであると子どもたちは考えているかもしれない。お説教される子どもにしてみれば、これほど大きな言行不一致はないだろう。あなたたちの胸の中に「誰のお陰で食べているのか」ということばが一度でも浮かんだことはないだろうか。これがことばによるDVの代表であることを、よく覚えておいていただきたい。今の日本は、男女の賃金格差が大きく、管理職への女性の登用が先進国では最低ラインに近く、出産後も仕事を続けていけるシステムが不備であり、介護や病者のケア役割がほとんど女性に集中しているという現状を踏まえた上で、それでもなお「誰のお陰で食べていられるのか」とおっしゃるのだろうか。

女性であること、結婚してしまったこと、子どもを産み母になったこと、子育ての責任はほとんど自分一人に託されてしまっていること。妻たちはそれをすべて見越して人生を選択したわけではないだろう。入り口には美しい花のアーチが飾ってあったのに、花園に分け入ったら中は棘やいばらや枯れ木でいっぱいだった。そんな人生だったと思っているかもしれないのだ。

だからこそ、妻の人生に少しだけ思いを馳せてこう言って欲しい。「これまでほんとに大変だったね、ごくろうさん」と。たぶん、妻たちはテレビのCMのようなダイヤの指輪が欲しいわけではないのだ。わずか三秒で終わるような短いフレーズで十分なのだ。

2　節目での責任を果たす

問題の起きている家族で一番ポイントになるのは、愛情の交換ではなく「金銭の授受」である。もちろん、肝心なことを言語化して伝えることも大切なポイントであるが。働かない（働けない）子どもに対してどのように小遣いを渡すか、渡すとすればいくらなのか、誰が渡すか（もしくは振込みにするか）、どのように渡すか（分割か、一括か）、いつ渡すか、などが大きなポイントになる。実はDVの問題も、最後は金銭の問題に集約されていく。かつてカール・マルクスが述べていたように、下部構造こそが問題なのである。

金銭に関する決定は、まず夫婦で意見交換して合意すること、その後本人から要求額を申告させる、それを踏まえて回答額を提示する、という手順を踏む。何のことはない、予算案の決定プロセスと同じ手順である。

その際、本人と交渉の前面に出るのがあなたたちである。その役割を遂行するのは、一家の大黒柱であるあなたをおいて他にない。妻たちが望まずして低収入に甘んじているように、あなたたちも望まずして一家の経済的支柱になってしまったのかもしれない（あなたの労働で得た金銭には、扶養家族である妻の再生産労働への代価も含まれている）。しかしそれに伴う家族内での既得権益は、妻のそれと比べると予想外の大きさだっただろう。おまけに戸籍上はあなたが筆頭者であり、戸主である。

経済的に家族を飢えさせないだけで、あなたたちの責任は終わったのではない。夫として、父としての責任が残されている。あえて成熟・大人ということばを用いるなら、子どもに対して大きな決定や最終通告を行うのがあなたたちの役割であり、成熟の証だと思う。都合のいいときだけ自分の言いたいことを言い放ち、都合が悪くなると妻に押し付けるという態度は「男らしくない」だろう。あえてこんなことを書いたのは、カウンセリングで妻から聞かされるあなたたちの態度があまりに「男らしくない」からだ。子どもに対して覚悟を決める。そして言いにくいことを伝える。ショックを受けるかもしれないが必要なことはちゃんと伝える。それも感情的にならず冷静に。そんな役割をとれば、妻はあなたたちの勇気を認め、尊敬するに違いない。

3　感情をことばに出して伝える

組織で働くことは、結果がすべてという価値観で働くということである。対人関係においても自分の感情を押し殺していかなければならない。そのような長年の習慣は、あなたたちのことばを知らず知らずのうちに貧困なものに変えてきただろう。家族関係は仕事の関係と違っている。当たり前に思えるだろうが、現実にその切り替えはなかなか難しい。

「結論を早く言え」「何が言いたいんだ」「要するに俺はどうすればいいんだ」などと妻

に向かって言ったことはないだろうか。家族関係は、明確な因果関係で動くわけではなく、ひたすらプロセスの連続である。感情を表すことばは、プロセスを切り取ることで成立する。日は昇り日は沈む、は事実に過ぎない。夕陽がきれいだと言うことで、初めてそのプロセスにあなたたちは参加することができる。表現しなくても伝わるはずだというのは、あなたたちの身勝手な幼児的願望に過ぎない。妻とはいえ（妻だからこそ）、ちゃんと「苦しい」「つらい」「心細い」「不安だ」といったみじめな自分の感情を表すことば、「うれしい」「楽しい」「ほっとする」といったプラスの感情を表すことばを表現してほしい。「〜だ」「ヘンだ」「間違ってる」といった判断言語だけで終始してはいないかを反省してほしい。

これら、いささか耳に痛いことばの数々は、あなたたちの妻のために伝えた。しかし、彼女たちの人生に関心をもち、寄り添うことは、彼女たちだけの満足感で終わらない。あなたと妻の双方のＤＮＡを継承している子どもたちにも連なっていくだろう。想像もできないほど母を重いと感じているあなたの娘（息子）は、きっとあなたが母（妻）を少しだけ支えてくれることで、これまでより生きやすくなるはずだ。それほどまでに、あなたたちの行動は、家族に大きな変化を生じさせると思う。

墓守娘に対する処方箋

母と父に対する処方箋を述べてきたが、本来処方箋を守るべきは親である二人なのであり、墓守娘たちにはこれ以上何も言うことはないと思っている。これまでの自分の生きてきたプロセスを振り返り、それが過酷なロードレースだったと彼女たち自身が認知すればもうそれでいい。「おつかれさまでした」と私は彼女たちに伝えたい。

ところが、現実はそう簡単には運ばない。現実のロードレースなら、完走した彼女たちは讃えられるだろうし、ゴール間際で倒れこんでも大勢のひとが助け起こしてくれるだろう。ところが母と娘の関係はそうはいかない。レースの走者は娘一人だ。競技自体が母の手のひらの上で行われる。母の決めたゴールは、娘が自分の思い通りになることであり、それ以外はありえない。母はそれが娘のためだと信じて疑わず、法外な要求をしているとは夢にも思わない。なぜなら、母の周囲のひとたちや常識・世間はすべて母の価値観を支持しているからだ。レースの観衆全員が母を支持しているなら、母は磐石である。

であればやはり、娘である彼女たちにも私からの処方箋を書くことにしよう。それは、どうか倒れないでほしいという願いをこめたエールとしてである。エールを伝えるには、やはり二人称がふさわしい。

怒りを自覚しよう

一冊の本を手にとって読む、そうだそうだと感じながら、この一節の中に自分がいると思う……よくある本との幸福な出会いとはこんなものだろう。じんわりと襲ってくる感動に浸りながら、読書の余韻を味わうこともできる。では、本書はどうだろう。読み終わって表紙を閉じたとたんにあなたを襲うものは何だろう。頭に血がのぼり、手が震えだすかもしれない。そんな身体反応が起きたら、この感情をどのように名づけるかを考え、ちゃんとそれに「怒り」と命名しよう。

と書いてはみたものの、実はそれほど簡単なことではない。

怒りは感情の一つに加えられているが、喜怒哀楽の中でもっともエネルギーの高い感情である。エネルギーゆえに身体反応を惹起し、どのように方向付けるかによって、怒りはしばしば危険な感情にもなりうる。たとえば、対象が明確に自覚されていない場合である。わけのわからない怒りは、エネルギーを向ける方向が定まらないので、やみくもに内に向かって自分を傷つけるか、外に向かうことで無関係な他者に対する傷害事件になったりする。

時には、怒りは怒りそのものとして自覚されず、不安や抑うつとして経験されたりする。怒ることへの罪悪感や禁止がはたらく場合にしばしば見られる反応である。

不安や抑うつは不快な反応であり、それに耐えかねる場合は、反射的にアルコールや薬物、さらにはギャンブルなどへの渇望が生まれることもある。酔いや興奮によって意識を変容させることで、不安や緊張、抑うつ感をやり過ごすことができるからである。何だか不意にアルコールが飲みたくなるとき、前後の状況を細かく分節化してみると、怒りの感情が伏流している場合が少なくない。中には、アルコールによる酔いの力を借りて怒りを表現しているひとも多い。かつて女性のアルコール依存症者を対象としたグループカウンセリングにかかわっていたが、飲まなければ夫に怒れない女性が何人もいた。

自分が怒っていることを自覚するのは、これほどまでに大変なことなのだ。母親に対して腹が立つと感じたら、それだけですごいことなのだと考えてみよう。そして、その感情に怒りという名前をつけよう。

罪悪感は必要経費

やっとの思いで名前をつけたとたんに、襲ってくる感情がある。

「あんなに寂しそうでひとりぼっちの母親に対して怒りの感情を抱くなんて、やっぱり私がわがままだったんじゃないだろうか」

「私が母を捨ててしまえば、母はどうなってしまうんだろう。本当は私のことを思っていてくれたんじゃないだろうか」

「一瞬たりとも母を恨んだり怒ったりしたことが、どれほどひどいことだったのか。鬼だったのは自分のほうではないだろうか」

これまでも幾度となく繰り返してきた堂々巡りだ。どうしようもなく腹が立つと同時に、頭の中でそれにブレーキをかけるように湧いてくるのが罪悪感である。母のことばにかすかな違和感を感じたり嫌悪感を抱くたびに、まるで倍返しのように罪悪感が沸いてきてあなたたちを苦しめてきただろう。

怒りと罪悪感はまるでコインの裏と表のようにべったりくっついている。アンビバレントなようでいながら、どこかでバランスをとっているようにも思える。しかし、感情が両極に揺れ動くと、ときには苦しいものだし、ひどく疲れるだろう。

アンビバレントな二つの感情は相反する認知に基づいている。怒りは、「不当に母親から支配されてきた、過酷な人生だったのは母のせいだ」という認知に基づいている。いっぽう罪悪感はもっと複雑である。「母は私を愛しているからこそあのようにしたのだ。

母の愛を信じられない私が悪い」という認知と、「母を支えるのは私しかいない」という認知が絡まりあって生まれている。言い換えれば母性愛幻想と「母にとってかけがえのない私幻想」の混合、アモルファスである。

◆「母にとってかけがえのない私幻想」

母性愛について再度確認しておこう。これは本能的で生得的なものではなく、近代以降の家族制度を維持するためにつくられてきたものだ。教育やメディアによって、「女性は太古から出産と同時に母性を備えてきた」という言説が、広く一般にふりまかれてきたのだ。

たぶん、墓守娘であるあなたたちは、母の愛を求めているのではなく、母に愛された私を確認したいのだ。母にすら愛されなかった私という自己認知は、だから他の誰からも愛されるはずがないという絶望に向かってレールを敷く。どんな子どもにも無償に注がれる全き愛こそ母性愛であるというイデオロギーに従えば、そんな母からすらも愛されなかった私はどうなるのだろうか。母性愛幻想の残酷さは、子どもを愛せない（と感じている）母を縛り罰すると同時に、母から愛されなかったと思うしかないひとたちの存在根拠を奪ってしまう点だ。母から愛されない＝自己否定という公式にどれほど多くの子どもたちが苦しんできただろう。

「かけがえのない私幻想」はその苦しみから生まれた。母からどれほど便利に使われ支配されつくそうとも、そういう私がいなければ母は生きていけないのだとすれば……。そう、愛されなくても、必要とされる私にはなれる。あなたたちは、母性愛イデオロギーが生み出した公式をこのように変形させたのである。「お母さんは私がいなければどうなってしまうんだろう」というあなたたちの「かけがえのない私幻想」は、実は母性愛幻想と根底でつながっていたのだ。

墓守娘の抱く罪悪感を支えている認知の仕組みを、このように解読することができる。しかし、これは母が常々あなたたちに言って聞かせたことの内面化であり、世間という常識の総体があなたたちに強いてきた認知そのものなのだ。テレビドラマの最後の落しどころが、母の愛や家族愛であることは、チャンネルをザッピングするたびにいやというほど思い知らされるだろう。相も変わらず母性愛幻想は再生産され続けることになる。その認知を転換することは、実に困難な道である。

プラグマティックに考えれば、あなたたち墓守娘たちは罪悪感を感じなくてすめばもっと楽になれる、そのためにはどうすればいいのだろうか？　という問いを立てることも可能だ。アメリカ的なワークショップが、いかにもテーマにしそうな方法だ。しかし私は、その問いは現実的とは思えない。あなたたちは日常的に相反する認知・感情のあいだを激しく往還している。おまけにマスコミの媒体は罪悪感を増長する情報しか流さない。そんな状況で罪悪感をゼロにする、感じなくするという目標設定そのものが達成不可能に思える。

むしろ、こう考えてみたらどうだろう。罪悪感はこれからの人生を生きていくための必要経費である、と。払拭できずついてまわるものであれば、そう考えるほうが現実的だろう。母との関係が終わらない限り、罪悪感はゼロにはならない。母が亡くなったとしても、墓参のたびに罪悪感に襲われるひとは多いものだ。こうして必要経費はかかり続ける。決算の常識だが、経費のほうが多ければ赤字になってしまうので、収入を確保し収支のバランスをとらなければならない。

罪悪感にとらわれてしまったら、「今私は人生の必要経費を払ってるんだ」と自分に言い聞かせる。「ああ、ずいぶん必要経費がかかってしまった」と思えば、「生きのびる」という収入を確保することが次の課題として現れるだろう。

仲間をつくろう

母への怒りを自覚するまでの道のりは険しいけれど、自覚してからもいばらの道であることに変わりはない。「母に対する怒り」を十二分に自覚すれば、必ず罪悪感という必要経費を支払うことになる。必要経費に喘ぎながらも怒りは止まらない。こんな怒りと経費支出の連鎖は、収支のバランスを大きく崩し、財政の不健全化を生み出し、いつか倒産（もしくは自己破産）に至るだろう。そうなってはおしまいだ。墓守娘ということばは、あなたたちがこれまでを総括し、これからを少しだけかろやかに生きていけるようにするためにつくられたのだから。何としても収入の道を探らなければならない。そのためには、墓守娘の苦しみを知っているひとたちとつながることが必要だ。もしくは過酷なロードレースであったことを承認してくれるひとと出会うことである。

自分のことだから自分で何とかしなければ、という十二分の努力によってやっとここまでたどりついたのだ。それはほめすぎることはないほど大変なことだった。「よくやってきたね」と〝自分で自分をほめてやる〟こともいいだろう。離れ小島であれば、逼塞《ひっそく》した状況であれば、そんな陳腐なことばしか自分にかけてやれないことはよくわかる。

しかし、自分の努力でここまで歩いてきたことと、自分で自分をほめてやることは同一線上で起きている。どう考えてもマッチポンプに過ぎないだろう。いつかエネルギーは枯れるに決まっている。私たちは自己完結などしていない生き物なのだから。母親たちは娘を使って生きたが、墓守娘たちは、母ではない存在の他者と、おずおずと、用心しながらつながることしか収入を得る道はない。

「墓守娘同盟を結成しよう！」などと書くと、まるで政治闘争の呼びかけをしているみたいだが、そのとおりである。家族の関係はポリティカル（政治的）なものであることを多くのひとたちは体験的に知っているはずだ。公領域における政治と私的領域における政治がどのように切り結ぶのかは、カウンセラーの私には手に余る問題だけど。
しかし、カウンセリングは政治とそれほど遠くないという実感を、暴力や虐待の問題と直面することで得たと私は思っている。DVがその好例である。では墓守娘はどうなのか。母親の支配の方法は、世界史や日本史をひもといてみれば、時の為政者の統治方法とそれほど違いはない。信長と秀吉、家康のほととぎすの比ゆを親子関係に移し変えてみればよくわかる。

とはいってもデモ行進をよびかけているわけではない。アルコール依存症のＡＡ（アルコホーリクス・アノニマス）に代表される自助グループが参考になるだろう。そこまで厳密に考えなくても、ネットでコミュニティをつくることもできるだろうし、場所を決めてミーティングを定期的に開くこともできるだろう。墓守娘による墓守娘のためのグループを、少ない人数でも立ち上げることができるだろう。同じことで苦しんでいるひとのことを「仲間」と呼ぶ。

そのグループは単なる趣味の集まりとしてではなく、一種のコミュニティとして構成されるだろう。「自分は墓守娘である」という過酷な人生物語（ナラティヴ）が共有される場、つまりナラティヴ・コミュニティと呼ぶことができる。

マスメディアが流し続けるドミナントストーリー（親は子どものためを思って生きる、親を悪く言う娘がヘンだ……）は、あなた個人の怒りをはるかに凌駕する。それは、ドンキホーテが風車に立ち向かうような無謀で無意味な怒りにも思えるだろう。こんなことを考えているのは自分しかいないのではないか、世界でたった一人なのではないか、という思いを抱えた経験があるひとは、驚くほど多いのだ。そんな経験をもったひとたちをマイノリティと大胆に定義してしまえば、墓守娘はマイノリティそのものである。マイノリティはしばしばマイノリティであることに嫌悪をおぼえているが、それぱかりではなく、あなたたちは、マジョリティである磐石の母そのものに対して罪悪感も抱いている。おまけに見た目は仲のいい母娘そのものなのだから、ほんとうに大変なのだ。

アルコール依存症のひとたちがＡＡのミーティングに参加するのは、酒が飲めなければ一人前じゃないというドミナントな言説と、マジョリティである酒を飲むひとたちの中で、とりあえず今日一日酒を飲まずに生きるためである。マイノリティに必要なことは、マジョリティに無闇に抵抗したり怒りをぶちまけることではない。とにかくつぶされずに生きのびることだ。自己破産を防ぐには、なんとかわずかでも収入の道を確保しておくことだ。他者とつながることで、自分たちで形成したコミュニティをもつことで、そこに座っているあいだは少なくとも息がつけるだろう。ドミナントな言説に潰されそうになることもないだろう。ささやかに思えるかもしれないが、それが必要経費に対抗可能な収入の道なのだと思う。ささやかであればこそ、せめてそんなコミュニティが実在することをあなたたちが自覚できるためにも、やはり墓守娘同盟という名づけが必要だと思う。

カウンセリングに行ってみよう

カウンセリングはどうだろう。グループをつくるだけの条件がなければ、カウンセラーを必要な他者として確保し、カウンセリングの時間を利用してエネルギーと酸素を補給することもできる。そうやってとりあえず一週間、一ヶ月間生きのびる女性が、カウンセリングには数多くやってくる。その対価として支払われる料金によって、私たちも生きのびる。文字通りの収入を得るのだから。

◆怒りを表現することについて

私たちは、墓守娘たちの逡巡し両極に揺れる物語（ナラティヴ）を聞く。それが明確な怒りであると自覚できれば、自覚できてよかったですねと応答する。

「その感情は大切ですね、それをことばで表現できることはほんとにすばらしいことだと思います。でもそれを表現する場は選ぶ必要があるかもしれませんね」

こう伝えるのは、しばしば母親に対して怒りを直接ぶつけたいという衝動に駆られるひとがいるからだ。長年かかってやっと母への怒りを自覚し、がんばってそれを否定しないようにした。だからこそ、思い切って母に思いのたけをぶちまけたい、私がどんな思いで生きてきたかを、思い知らせてやりたいのだと。彼女たちは単に怒りをぶちまけたいだけなのだろうか。カウンセリングの場で、実はそれだけではないことをいつも思い知らされるのだ。そこにはやはり罪悪感の残滓が色濃くみてとれる。そして彼女たちの願望も見え隠れする。

◆理解されることを断念してみる

「お母さん、どうか私の言うことをわかってください。私はお母さんの言うとおりにはできません。こんなにつらかったことを、お母さんだったらわかってくれるでしょ」と母には言いたいのだ。思い切ってこれまでにないきつい口調で言えば、母もびっくりして理解しようとするだろう。そうすればもっと母親と仲良くできるかもしれない。

「だってたった一人の母親ですから……」

これが墓守娘たちの、正直な願いなのだろう。もっともである。それが可能であれば私もせいいっぱいの助力と支援を惜しまない。

「勇気を出してそう言ってみましょう、お母様もきっとわかってくださるでしょう」こう言いながら背中を押してあげたいのは山々だ。しかし、残念ながら私はそんな甘く楽観的な考えをもってはいない。安手のドラマのような落としどころは期待できないと思っている。長年のＫＧやアダルト・チルドレンのグループカウンセリングでの経験をとおして、母親たちが最後まで親という立場（権力）を手放すことはないという現実に直面し続けてきたからだ。よほどのこと（たとえば娘の自殺未遂、傷害事件など）が起きれば、世間体と引き換えにそれを手放して、「悪い親だった」とよよと泣くことはあるかもしれないが。

クールに現実を見据えれば、そんな甘い期待であなたたちを満たすことはできない。おそらく墓守娘たちは、これまで何度も経験してきた「やっぱり無理だったのか」という失意のどん底に落とされるだろう。それもいい経験だからやってみましょうなどという残酷なことばを、カウンセラーとして私は伝えることができない。そしてこう言う。

「できれば、この場で私に言語化してください。ここは安全ですから。お母様に直接伝えたい気持ちはよくわかります。でもそれをストレートにぶつけてもおそらくあなたがもっと傷つくだけかもしれません。まして外の世界でそれを言えば潰されるかもしれませんから」

あなたたちの怒りは、時と場所をこのように慎重に選ばなければ、安全に表出することは難しい。彼女たちの怒りの基本にある認知は、とうてい許容されるはずもないだろう。「美しい国」を支える家族は、実は母親への抵抗が封じられた場なのだ。夫と妻が対等だという空疎なスローガンのもとで、不幸すらもしたたかに利用してきた母に対して、同性である娘は手も足も出ない。

そんな自分と同じ苦しみを抱えている女性が多いこと、自分のこれまでの母との関係を説明しなくても了解しているカウンセラーがいることを、本書によって知ってほしい。あなたたち墓守娘の了解と私たちカウンセラーの了解が重なっていると思えること、これがカウンセラーへの信頼というものだろう。

NOは、母へのサービスだ

あなたたちの中には現在進行形のひとも多いだろう。同居中の母から、日々有形無形の圧迫と侵入を受け続けているかもしれない。そんな生活を送りながら、母との関係のこれまでとこれからを見据えるだけの余裕などないだろう。もっと具体的なアドバイスが必要だ。

すでに述べたように、母は娘との間に境界などないと思っている。娘以外の他者に対しては過剰に気配りをするからこそ、娘にはすべてを垂れ流す母親たち。まるで墓守娘は母にとってのユートピアではないだろうか。それこそが娘をみだりに用いる濫用＝abuse（＝虐待）そのものだ。

◆お断りする

そんな母からの無神経な侵入や支配に対して必要なことは、とにかく逃げるか拒絶することだ。英語ではNOだが、日本語にしなければノー（脳＝能）がない。たとえば、「お断り」「遠慮」する、もしくは「けっこうです」がベターだろう。YESにもNOにも解釈できる便利なことばだ。ポイントは丁寧なことばづかいをすることだ。いたずらにぶっきらぼうで感情的になると、つけこまれることになる。「いやよ！」と叫べば、「どうしたの、最近不安定じゃないの」とするするっと入り込まれることになる。アイ・メッセージで伝えるのも一つだ。「私には今無理です」「私にはできません」とゆっくりはっきり伝える。

そうか、と納得しても実際の場面になると身がすくんでしまうものだ。たぶん、それは反応がリアルに予測されるからだろう。こう言えばああ言う、といったふうに。もう一つはここで私が「けっこうです」などとお断りすれば、母は傷ついてしまうだろう、という思いやりである。母親たちはそれを織り込みずみのはずだ。娘はきっと拒否しないだろう、なぜなら拒否したら私が傷ついてしまうしそんなひどいことは絶対しないに違いないと。これを思い上がりという。

あなたたちが母を傷つけたくないと思うことは、母にとって思いやりにはなってはいないのだ。むしろ母親たちのあなたたちに対するユートピア化を助長するものではないだろうか。増長させ甘やかしているのではないだろうか。それほど母親たちはかわいそうではない。

◆責任の総和は一定か

仮に母親が孤独で友だちもいない、父親ともうまくいっていないとしても、そこに娘の責任はない。感情的に割り切れないとしても、少なくとも悟性的判断のレベルでは責任がないと考えるべきだ。

親子や夫婦の関係で、しばしば誰の責任かといった裁判所のような論議が行われることがある。不和な関係ほど裁判所化するのも通例だ。そして絶えずそこでは、総和一定の法則が適用される。「僕の責任じゃない、それは母の責任だ」「俺は被害者だ、悪いのは妻だ」といったように。これをＤＶ加害者プログラムではパイにたとえて説明している。一枚のパイを二人で食べるのなら総和は一定になるだろう。しかし責任はたえず自分の判断で自分で果たすのだから、パイはそれぞれに一枚ずつあるのだ、と説明する。

墓守娘が母を思いやっていることは、母にとってみれば責任のパイを娘が負っていることを意味するだろう。かわいそうな母だから私がかわってあげよう、かわいそうだからＮＯとは言わないでおこう、などと考えることは、母の責任を肩代わりしていることだ。もっと言えば、母が背負うべき責任を奪っていることになる。それは思いやりではなく責任など負えない人だと母を判断していることになる。

母の責任を奪わず母にそのままお返しすることが、一人の人間として母を尊重することになるのだ。それは母へのサービス以外の何物でもないだろう。あなたを他者として扱わず、好き放題に一方的にユートピア化した母に対しても、ちゃんと他者として尊重できる娘であること、それこそが本来、母にとってのよき娘である。こう考えれば、NOと言うことは墓守娘に誇りをもたらすことになる。

安易な思いやりや同情ではなく、明確なNOを伝えることで、母親はサービスを受け、あなたたちは誇りを感じることができるのだ。

距離をもった母との関係は可能か

ハウツー本によくあるような「お互いコミュニケーションをよくとって、話し合いましょう」というアドバイスは有害でしかない。そんなことはそもそも不可能なのだ。いっぽうが境界をまったく自覚していないときに、お互いなどという相互性は成立しようもない。だからまず、お断りをすることから始めるのだ。「ええっ！　こんなところに国境があったの？」というショックを母に与えなければならない。最初にショックありき、最初に拒絶ありき、なのだ。

娘からの拒絶によって、攻撃をしかける母も多い。娘を責め、いつからそんなヘンな考えを持つようになったのかと以前の娘にもどそうとするのだ。もしくはまったく娘の拒絶を理解せず馬耳東風とばかりに相変わらずの行動を繰り返して娘を傷つけ続ける母も多い。そんなときはどうするのだろう。あなたたち墓守娘の判断も尊重したいが、最悪の場合は断絶もありかもしれない。娘のほうから一切の交流を断つという方法だ。お勧めできる方法ではないが、最低限、あなたたちが自分を守るためにそれが必要と判断されれば、私はそれを支持したい。母にとって残酷ではないかという意見もあるだろうが、未来の長い娘の人生を優先するのが母として当然だと思う。だから最終手段としてはそれもありだろう。あなたたちは別に母を殺そうとするわけでもなく攻撃をしかけるわけでもない。ただただ関係を絶つだけなのだ。それすらも認められないのだろうか。関係を絶つことすら許されないと思ったとき、子どもは時に親への殺意を抱くだろう。

しかし、希望はある。お断りし、NOの意志を伝えたことで、母親が徐々に変化していったという例は少なくない。娘からの拒絶をきっかけに、自分なりに努力をして娘との関係を変えていこうとする母の姿をあちらこちらに見ることができる。墓守娘が勇気をふるってNOを言ったことで、関係が変わったのだ。そんな母を見るたびに、少々感動し、年齢は関係ないと思う。母親がいくつであってもそれは可能である。

ショックを受けつつも、初めて知った娘から提示された境界を受け入れたとき、母親たちも他人行儀になる。他人行儀とはなんといいことばなのだろう。そもそも他人なのだから、これが正しい。こうして母はあなたたちを他者として認知する。同じ性の母と娘は、年齢も育つ時代も、そして名前も違っている。娘は母のために生きているのではなく、母は娘のために生きてきたわけでもない。

母と娘の間に、それほど深くはない川が流れている。いつか両岸から二人は交歓しあうだろう。

「あなたのお腹の中に私は居た、そしてあなたの身体から痛みとともに私は生まれた」

「私のお腹の中にあなたは居た、そして私の身体から痛みとともにあなたは生まれた」

と。

解決方法はあるのか（文庫化に際して）

背景を知る

親子関係には、父息子、父娘、母息子、母娘の四種類ある。このことを踏まえないと、いたずらに母娘問題「だけ」がクローズアップされてしまうだろう。まず四種類について簡単に説明してみよう。

四種類の親子関係のうち、日本では子供に何か起きると、とりわけ虐待事件が生じると、「母親の問題」が真っ先に俎上《そじょう》にあげられる。このジェンダー的な偏見は、親子関係の重要さが強調されることとセットになっている。つまり育児における親の問題といえば母親のことを指す。かつて「母原病」という言葉まで使われたほどだ。母親による育児専業を当然とする常識は、昨今父親が育休をとることが推奨されていながらも、令和四年度の男性育休取得率は三〇・一パーセントだったことに表れている。

父と息子・父と娘

父と息子を親子関係の代表としたのがフロイトだったことはよく知られている。父と息子の関係が、自我の成立・成熟・成長のためにどれほど重要かが精神分析理論の基礎になっている。それは暗黙裡に男性を中心としており、もう一方のジェンダーを無視しているとは考えられてこなかった。もちろん息子の最初の性愛（エロス）の対象としての母（女性）は登場するが、あくまで対象でしかない。つい最近までこのことにそれほど疑問が呈されなかったのである。

父と娘の問題は、「父の娘」という言葉で表現される。父の期待を背負う娘は、女性でありながら自らの女性性を否定・無視し、あたかも自分がジェンダー的には男性であるかのように育つ。父が娘に期待する内容はしばしば妻への蔑視と対になっており、女性嫌悪（ミソジニー）に彩られている可能性があるからだ。自分の娘は女性だが並みの女性ではない。男性を凌ぐような能力があるという期待は、並の女性はダメなものという考えを基本としている。

私自身も、自分が「父の娘」であったと思う。父だけではない、父と祖父とのダブルの期待を一身に受けていた。成績優秀な娘であることは、父と祖父の学歴による階層的価値観のトップに上り詰めることを意味していた。期待どおりにそれを遂行してきたことが「自己評価」につながった。それがもたらしたメリットは図り知れない。女らしいしつけとは無縁で、女性差別的言説を受けることもなく、進路を邪魔されるどころか応援されたからだ。しかし人生の終わりが見えるようになった今、自分の中にあるミソジニーと、その反転であるミサンドリー（男性への嫌悪・蔑視）が根深いことも後遺症として自覚している。

このように親子関係における父の役割は相変わらず家父長的な自立促進や成熟を促すプラスの役割だとされる。仕事以外に子育ても熱心な姿勢は賞讃の対象である。いっぽうで母親の役割は家事・育児を大過なくこなしたとしても、「当たり前」のこととして、称揚されることはない。「母の愛」の素晴らしさが持ち上げられ、それをふりかざすことだけがご褒美として与えられるのだ。

母娘に関する著書の中で私が主張してきたことの背景には、このようなジェンダー的視点がある。母親の加害性を娘が告発することが、どこかで父親を免責し、育児責任はすべて母親にあるという旧来の観点を補強してしまうことを避けなければと考えている。

毒母・毒親という言葉を忌避してきた理由もこの点にある。いたずらに母親個人を責めて毒であると断定することは、いったん母との関係を切断して距離を置くためのショック療法として意味があるし、そのことは強調してもしきれない。しかし母の言動が毒であったと認知すればそれで終わるわけではない。毒であることを告発し、どれほど毒によって心身が侵されてきたかを精査することがどこに帰着するのか。そこまでを考えなければならない。

多くの毒親を告発する本は当事者である娘によって書かれていることが多い。二〇一二年以降、この問題は当事者によるSNSをとおした言説によってムーブメントにまでなった。

母・娘問題における援助者の役割

アルコール依存症をはじめとするアディクション問題では自助グループの役割が大きい。母娘問題についても同様に当事者による言説の重要性を指摘してきた。

では、当事者ではない専門家・援助者の母娘問題における役割は何か。それは困り、苦しんでいる人たちにとって「利用可能な存在」として居続けることだと思う。一九九五年から有料のカウンセリングを提供しているが、当初から専門家の枠組を来談者に押しつけることはなかった。

現在はがん治療でも、さまざまな治療法を医師が提示し、エビデンスに基づいた説明を行い、最終的には患者側が選ぶようなシステムになっている。見方によっては、患者による選択とすることで患者側から責任を問われないようにするシステムに変化しつつあるといっていいだろう。

カウンセリング業界も例外ではない。テレビドラマに出てくるカウンセラーがしばしば声高にアドバイスをしている場面を見ると、脚本家の無知を嘆きたくなる。いまやそんなカウンセリングを実施したら、ハラスメントとして告発される時代なのだ。

ではどうすればいいのだろう、解決ってあるのだろうか。二〇〇八年に『母が重くてたまらない』の単行本を出してから、数えきれないほど取材を受けてきた。その際必ず最後に聞かれたのが「じゃどうすればいいんでしょう」「何か解決方法がありますか」という言葉だった。当時の私は、それを聞くたびにイライラしたものだ。本を読んでください、と言いそうになるのをぐっと我慢するのに苦労した。

私はカウンセラーである。大学の研究者でもなく、診察室で問診する精神科医でもない。ひたすら、保険診療よりはるかに高額の相談料を支払って来談した人たちに、誠心誠意対応する日々である。毎回頭の中で「どうすればいいのだろう」「この人の問題の解決とはなんだろう」ということばかり考えてきた。

しかし、対人関係の解決と、家族関係のそれとはかなり異なる。家族の中でも親子関係はさらに緊密なために解決という言葉を用いていいのかと思う人もいるだろう。父親の精子を母親の卵子が受精して妊娠し、出産によって個体として母胎から分離する。さらに長い時間を主として母に養育されて成長していく。これらの総体としての親子関係の「解決」、つまり謎解きとはいったいなんだろう。

それをおおまかに分ければ

①離脱（母から逃げる・離れる）

②和解・修復

③赦《ゆる》し

の三つになるだろう。もちろん娘たちの一貫した願いは「母がこの苦しみを理解してくれて変わること」だが、それはほぼ望めない。来談者の中には娘から責められる母の立場の人も多い。彼女たちが最後まで回避するのが「自分が悪かった」という結論である。自分の生んだ娘から加害性を指摘され「ごめんなさい」とあやまり反省することがどれほど困難か。たぶん、それを認めることは、母としてのアイデンティティしかない彼女たちの死を意味するのだろう。この不可能性を突き付けられるたびに、カウンセラーとして親子関係の残酷さを痛感する。

仲介者のほとんどが母の味方となり、被害を受けた娘だけに負担がかかる構造は、DVと相似形だ。離れて距離をとることが唯一の安全策とされる点も同じである。ここまで似ているのは、夫婦も親子（母娘）も非対称的な力関係から成り立っているからだろう。家族における権力構造が如実に表れるのがDVと母娘問題だと気づかされる。②③

の可能性が低いことも、そう考えれば理解できる。いずれも、被害者の側に負担がかかり、加害者には何の痛痒も与えない。犯罪の場合は、司法機関が介在することで②が促進される。しかし母と娘を仲介できる機関などどこにあるのだろう。私はカウンセラーとして②の支援をした経験があるが、効果は感じられなかった。

母親への期待を捨てる

来談する娘たちは、すでに私の本を何冊か読み、時にはネットの記事を読んでいる。そのうえでさまざまな母への思いを抱えている。

「どうすれば母親を変えられるのでしょう」「どうすれば母に私の苦しみをわかってもらえるでしょう」と堰を切ったように語るひともいる。

「母を連れてきますので、信田さんから母に私の気持ちを伝えてください。そして母にお説教してください」という人もいる。

この人たちは、母親に理解してほしいと考えている。なんとかわかってもらおうと散々努力してきたけれど、自分の力だけではどうしようもない、だからカウンセラーである信田さんの力を借りたい、と考えているのだ。常識的にはまっとうな考えである。だって母親なんだから娘が苦しんでいるのをわかってくれてもいいだろう、あの手この手でがんばったけどダメだった。だからカウンセリングにやってきたのだ。

残念ながらそのような要求に応じることはできない。これまで何人もの女性にそうお伝えしてきた。次のように説明しながら。

お気持ちはよくわかります。お母さまにあなたの苦しみをわかってほしいのですね。その要求は当然だと思います。これまでどんなことを試されましたか……あなたの気持ちや考えを母親に伝える役割を私というカウンセラーに期待されているのでしょうか。結論から申し上げると、そのような役割をお引き受けすることはできません。

私たちのカウンセリングはあくまでご本人の自発的来談から（ご自分で申し込みの電話をする）成り立っています。したがって、無理やり母親を来談させることは不可能です。ひとつの案ですが、手紙（時にはメール）を書かれたらどうでしょう。その文章をつくるお手伝いはできます。これまでの苦しみや母への思いを、口頭で冷静に伝えることはかなり難しいと思うからです。

私の言葉を聞いて、力を失くしてしまう女性も多い。でも彼女たちにとってそれは想定外ではない。この母親は私が何を言っても通じない、といった経験をいやというほど積み重ねてきたからだ。実際に、「そうですね、じゃ手紙を書いてみます」と応える女性はほとんどいない。

時間があれば次のように続ける。

手紙を書かれたとしても、ほとんどの母親の反応は娘の期待を裏切るものです。「ごめんね、こんなに苦しめて」「少しも気づかなくて悪かった、こんなに苦しめたなんて」と口で言ったとしても、その後の言動は少しも変化しないことが多いものです。それどころか「大丈夫？　うつっぽいんじゃない」「最近は三〇代後半から更年期が始まるっていうから、婦人科を受診してみれば」といった、娘に問題があると言わんばかりの態度をとったりします。

たぶん母親たちは、「自分に問題があったかも」という発想そのものが世界に存在しないのではないでしょうか。「娘が母に変わってくれと期待すればするほど、娘が傷つくことになる」というのが、私の経験から導き出されたひとつの結論です。

「とりあえず」距離をとる・離れる

まるで希望がなくなるような言葉だが、はっきり伝える必要がある。余分な期待をしないほうが、娘たちは傷つかないと思うからだ。しかしそれほど事態はスムーズには展開しない。期待しないほうが無理というものだ。世の中に流布する「母の愛」「家族の温かさ」という言葉、それらがもたらす幻想は強大で、そこから外れた自分はふつうではないという絶望につながる。

したがって、カウンセリングでは「とりあえず」の対応を提言する必要がある。精神論や「考えを変える」のではなく、具体的な行動を提示するのだ。突き詰めることを避けなければならない。

よくある反応は
「そうなんですね、要するにもう母親には理解してもらえないということなんですね」

「結局赦すしかないんですね」

「あきらめて生きるしかないんでしょうか」

「母と絶縁します！」などだ。

このように結論・極論を出すことは危険だ。母を赦すか、それとも絶縁するかといった究極の問いは留保して、なにごとも「とりあえず」でやっていくのだ。

当面、とりあえず「母から離れる」「母と距離をとる」ように提案する。長年のカウンセリング経験から、危険な人・場所から離れることは何より正しいことであるという確信が私にはある。息子から暴力をふるわれたら、親が逃げるのだ。DVも、一時間でも一日でもいい、夫から離れてみる。それが解決になるかどうかわからないが、当面身の安全が保たれればそれでじゅうぶんだろう。

今では娘が母と距離をとったほうがいいというのは、SNS上でも毒母という言葉の広がりと共に二〇一三年あたりから当たり前のことになっている。ここでいう距離は物理的な場合もあるが、あくまでも娘の側にとっての距離であることを強調したい。娘が距離をとっていても、それが母親に伝わっているかどうかは別問題である。

復讐したい娘たち

中には距離をとりたくない女性たちもいる。彼女たちは、現在の自分の苦しみや挫折の原因がすべて母親にあるのだから、母親と距離をとることは母を赦してしまうことになるのでそれはできないと考える。母を責め、母を苦しめて謝らせることを繰り返すうちに、それ自体が目的になってしまう。激しい摂食障害の症状の渦中にいる女性たちの中には、母親を責める（時には暴力をふるう）ことで一日なんとか生きられるひともいるのだ。母が苦しむ姿を見ることで、自分への関心を確認しているのかもしれない。裏返すと、母の苦しみを一身に背負い母を幸せにできない自分を責めてきた人生を、こんどは母を責めることで取り戻したいのかもしれない。いずれにしても、距離をとることへの不安を訴える女性たちも存在する。

摂食障害やリストカット、さまざまな問題行動と母親との関係は深いところでつながっていることは間違いない。しかし本章で念頭においているのは、他の問題がそれほど重篤ではなく、母親との関係が主要な問題の女性たちであることを付け加えておく。

母と距離をとる方法

距離をとる確実な方法は別に暮らすことである。経済的条件さえ整えば、実家を出ることである程度母との距離はとれるようになる。ところが今では携帯のＬＩＮＥやメールという通信手段がある。中でもＬＩＮＥによる拘束はかなり強い。既読にならないと、母から直接電話がかかったりする。一方的に日常生活の報告やグチを送ってくることも珍しくない。

来談者には結婚して自分の家庭を築いている女性たちも多い。彼女たちにとっての恐怖は、突然おくられてくる母からの「恐怖の宅配便」である。多くは生鮮食品（野菜など）のクール便である。母の思いが詰まったクール便は一定期間のうちに食べないと腐ってしまうので、早く食べろという一種の強制として彼女たちを苦しめる。それだけではない、着いたことを知らせることで母との接触が生まれ、感謝することの強制も込められている。

こっそり母のもとから逃げる女性も多い。今では、そのような脱出・絶縁を支援するための弁護士もいる。これは二〇〇八年当時はなかったことだ。逃げた後で母親との連絡を仲介したり、娘の側の代理人としてさまざまな交渉（もしくは交渉遮断）を行う。九〇年代から二〇〇〇年代にかけてこのような弁護士の役割を、私たちカウンセラーが担ってきたことを思い出すと、隔世の感がある。

このような現実的な対応を介入と呼ぶが、カウンセラーの重要な役割の一つに介入がある。一九九五年から実施しているＡＣ（アダルト・チルドレン）の女性たちを対象とするグループカウンセリングは、私が母娘問題について考える基盤となっており、新しい視点を吸収できる場であり続けている。その経験なくして『母が重くてたまらない』も存在しなかったと思う。

グループを開始した当時から、参加者にとって何をゴールにするのか、何が解決なのかをずっと考え続けてきた。ここまで述べたように距離をとることの意味は、ＤＶ被害者にとっても、アディクションの家族にとっても大きな指針であり、ゴールでもあった。しかし母と娘は離れれば終わりではない。夫と妻は離婚して他人になることができる。法律によって、別の人生を歩むことができる。母と娘が別の人生を歩むことを法的に支援する弁護士も生まれたが、最後に残るのは、娘たちの血液中に溶け込むようにして入り込んでいる母の影響である。

物理的に離れても、地球の裏側に住んでも、五年も顔を合わせていなくても、娘の記憶を塗り替えることはできない。

「母親研究の意味」／加害者臨床からヒントを得る

大切なことは、まず娘たちが被害者であるという定義を繰り返すことである。ACは「現在の自分の生きづらさが親との関係に起因すると認めた人」と定義されるが、これは「子どもは親の被害者である」と公言した初めての言葉である。

一九八九年に日本に導入されて以来、多くの人に「自分のことだ」として受け入れられてきたACだが、三五年経った今でもその定義のラジカルさは色褪せていない。それどころか、親を悪く言うことへの逆風は強まるばかりだ。いわば、マジョリティによる支配的な常識「親の愛を疑うな」「母はすばらしい」という強制が強まる中で、それへの反逆を意味するのがACであり、母娘問題なのである。

グループカウンセリングの意味は、そのような「世の常識やあたりまえとされる考え」に対抗できる場となることだ。一対一ではなく、「自分に似た経験をしている人たち」＝仲間が存在する場を得られることは大きな意味を持つ。孤立感からの解放や、「わかってもらえる」のではという希望を得られる場なのだ。

犯罪における被害・加害とは異なり、家族の暴力においては被害者と加害者を永久に切断することは非現実的だ。鍵となるのは加害者がどのように変容し被害者に責任をとるか、自らの加害をどこまで自覚するかという点になる。そのためには、援助者は被害者支援に加えて、加害者臨床という新たなアプローチに踏み込む必要がある。従来は司法機関（警察、裁判所、刑務所など）が中心的に担ってきた役割を、心理・福祉の専門家も積極的に実践していく必要がある。これは冒険を意味しているわけではない。暴力を振るわれた被害者だけが逃げ、加害者には何の義務も罰則もないというのが日本の現状である。そのような理不尽で不平等な中で、加害者へのアプローチを試みることはひとつの正しさではないだろうか。

二〇〇四年から私は、NPO法人RRP研究会をとおしてDV加害者プログラムを実施している。カナダをモデルとし、被害者支援の一環であることをポリシーとしている。DV加害者プログラムにかかわったきっかけは、二〇〇一年DV防止法が制定されたからだ。DV加害者プログラムの調査・研究のためのワーキンググループの一員として、カナダを視察し、ブリティッシュコロンビア州の公的プログラムをモデルに日本版をつくった。その当時からのメンバーと二〇年近くプログラムを実施しているのだが、マニュアルも出版されたので、関心のある方はお読みいただきたい。そもそも被害者が逃げることがDVの解決ではなく、暴力をふるった側（加害者）が、謝罪し償い、行動を修正することこそ解決だと思う。殴られた人でなく、殴った人が変わるべきであり、責任をとるべきという当たり前のことを実践していると考えている。

ACのグループカウンセリングを実施しながら、いっぽうでDV加害者プログラムも実践する。このことが気づきをもたらした。母の愛のもつ無自覚な加害性に対してどのようにかかわるかという課題と、DVや虐待の加害者へのアプローチは根底でつながっているのではないかと思ったのだ。ここから方向性が見える気がした。

親子関係における親、中でも母という疑いがもたれない存在に対して、子どもの立場に立って援助をすること。これはカウンセラーの基本的ポジショナリティ（立場性）は中立ではなく被害者の側にあることを意味している。それは加害者臨床の基本（弱者、被害者、被支配者の立場に立つ）と同じである。

従来の心理臨床やカウンセリングにおいて、加害・被害というパラダイム（枠組み）は避けられてきた。そして、カウンセラーは中立であることが原則とされる。しかしDVや虐待といった家族の暴力においては、加害・被害という枠組みや呼称は避けられないし、カウンセラーは中立ではありえない。

母娘問題を母の加害・娘の被害ととらえることでグループカウンセリングのゴールが見えてくる。DVにおいては、暴力をふるった側が加害者更生プログラムに参加し被害者に責任をとる、被害者はトラウマケアをはじめとする専門的支援を受ける。それによって家族が再生する場合もあれば、解体することもある。最終的には被害者がそれを選ぶことができる。

では母娘問題において、母は責任をとるだろうか。

赦しでもなく復讐でもない、研究することで母を超える

グループカウンセリングは一〇回で一クールの契約制である。月二回の実施なので、五ヶ月で一クール終了となる。一〇回目には生育歴を発表することが義務付けられている。

このシステムも、グループ開始から試行錯誤しながら私が作り上げてきたものである。ところが意外な壁にぶつかった。

そもそも最初にグループに参加した際に、彼女たちは自分のことが語れないのだ。泣いてばかりいる人や何を話していいかわからない人が多かった。私は考えた末に「あなたの母親について具体的に話してください」と伝えた。

具体的というのがポイントである。エピソード記憶という言葉があるが、抽象的にまとめるのではなく、記憶の断片を具体的にまとまりなくても語ることが大切なのだ。他のメンバーのそのような語り方を聞くことで、少しずつ自分も語れるようになる。母のエピソードを語るという設定によって、参加者は次々と過去の経験を思い出すことができる。

これを九回積み重ねて一〇回目に生育歴としてまとめる。それはレポート形式だった

り、詩だったり、エッセイだったりするが、必ずタイトルをつけるようにしている。そして「母親研究」と名づけた。

なぜ自分の生育歴が母親研究と同じなのだろうか。

すでに述べたように、母と距離をとることは、母娘問題の一貫したテーマである。距離には物理的距離、心理的距離がある。研究することは、もうひとつの距離を可能にする。それは三次元的な距離、つまり高度を上げて俯瞰《ふかん》できるための距離である。私はこれをドローン的視点の形成と呼んでいる。言い換えると、母に対するメタ認知の形成である。

そのひとの胎内に居て、出産によってこの世に誕生し、DNAも受け継いでいる母親を対象化し、メタ的視点から研究すること。これがもっとも重要な離脱ではないだろうか。

そのためには母親をひとりの人間、ひとりの女性として見つめつつ、いくつかの問いを立てる。

思春期のころに輝くような表情をしていたあのひとがなぜ父親である男性を選んだのか、結婚後何があったのか、なぜ私に毎晩繰り返し結婚生活の廃棄物のようなグチを語って聞かせたのか。なぜ私に「ぜったい幸せになんかなれないからね」と楽しそうにつぶやいたのか。父親から罵倒される姿を見せ続けたのか。幸福感に満たされそうになるといつも冷水を浴びせたのはなぜか……。

これらを研究するのだ。母の生まれ育った原家族の家系図を描き母の幼少期を想像してみる。可能な限り親族にインタビューして自分なりに問いの答えを見つける。するとさらに興味深いことがわかる。母親研究とは、母の生育歴の形成に重なり、母との関係を生きてきた自分の生育歴にも連なる。それは世代間連鎖といった単純な言葉では言い表すことができないほどダイナミックで社会的・歴史的な物語でもある。

グループで発表される生育歴を聞くたびに三世代にもわたる歴史書を読むような感懐をおぼえるのは毎度のことである。

母親研究は、個人を社会・歴史的文脈に位置づけることだけが目的ではない。ドローン的視点から時間・空間的に生まれ育った親をとらえ直すことで、母親の責任が初めて浮かび上がるのだ。結婚し娘を生んだ母が、父から人間の尊厳を損うような扱いを受けながら、自らの不幸を見つめもせずにいたこと、破綻した夫婦関係の責任を娘に背負わせたこと、娘に一人の人間としての関心を払わなかったこと、母にとって大切だったのは世間体と保身だけだったことなどが浮かび上がってくるのだ。つまり母を対象化してひとりの女性としてとらえたとき、「一人の女性として生きていない」「自分であることを捨てた」母の姿が鮮明に浮かび上がるのだ。

こうして母の加害性と責任性が浮かび上がったとしても、本人は亡くなっていたり、無自覚だったり、高齢者施設に入所していたりする。DV加害者と違うのは、責任を負う可能性が皆無である点だ。そんな母の責任を明らかにする意味はあるのだろうか。

責任主体としての母

ACのグループカウンセリングで母の責任が明確になることとは、参加者の被害が承認されることであり、尊厳とプライドが守られることを意味する。家族という単位における加害・被害は、彼女たちが研究しなければそのまま埋もれてしまったに違いない。

娘による母親研究、母親の責任性の明確化は母にとって残酷なことなのだろうか。悪気があったわけじゃないからと免罪されるべきなのだろうか。暴力も犯罪も「悪気」「悪意」の有無は関係ない。悪気がないのに相手を傷つけるほどひどいことがあるだろうか。娘を傷つけた結果だけが意味を持つのだ。彼女たちの無自覚さはむしろ責任性を増すだけである。

それに、母親を研究する娘たちは、残酷どころかこの上なく「親孝行」なのだ。なぜだろう。ひとりの高齢女性が、ここまでリサーチされて生育歴とともに研究されることなどあるだろうか。よほど名のある女性ならまだしも、平凡に生きて子どもをもうけた女性が研究対象になることなどないだろう。さらに、「あなたには責任があります」「あなたは責任がとれる存在です」と言われることは、すばらしいことなのだ。

責任をとれない、責任を負うことなど不可能だと思った人に対して、「責任があります」などと明言することはない。とすれば、適応に汲々とし強い者にこびへつらう人生を送ったひとりの母親が、正面から責任をとることを要求されることの意義がいかほどかがわかる。おまけにそれを突き付けるのが自分が産んだ娘なのだ。母に対し「あなたはちゃんと責任をとれる人です」と要求してくれるなんて、こんな親孝行な娘がいるだろうか。

とは言いつつも、いつになっても娘が払拭できないのは深い罪悪感である。幼いころから受け付けられた「母を幸せにできないのは私の責任だ」という転倒した責任感と罪悪感は決してゼロにはならない。しかし、母には幸せになるように生きる責任があったと思えることで、責任感は軽くなる。あのような時代を生きたひとりの女性として母を見る視点を獲得できることで、娘は母を超えられる。それは赦すことでもなく、復讐することでもない。

ＤＶ被害者に対して、「知は力なり」と伝えることがある。知識を持つことでＤＶの構造が見え、歴史の流れの中に今が位置づくからだ。同じ苦しみを抱える、自分に似たひとたちの中に自分を位置づけられること、それこそが最大の力になるのだ。娘たちが、明治以降の家族の歴史の流れの中にあの不可思議で巧妙な母を位置づけ、解析し文脈化すること。それこそ真の意味での知的作業だろう。このように母親を研究することは、母の磁場へのバリアーとなり、母からの呪文を解く力にもなるのだ。繰り返しになるが、世間からの評価を逆手にとれば、それこそが「親孝行」ではないだろうか。

あとがき

本書の第一章は、雑誌『春秋』に連載したものを一部加筆修正している。連載中から、何人もの知人から感想をいただいた。そこに登場する母と娘の姿は、カウンセラーの私にはなじみがあるので、それほど目新しいことを書いたつもりはない。むしろあまりに日常的な母と娘の情景だといってもいいだろう。だから正直、一般のひとたちがどのような感想をもたれるか、その反応についてわずかの不安があった。

連載中に読者として念頭にあったのは、三〇代の女性たちであった。彼女たちは未婚で仕事をこなしており、いっぽうで母親から見れば優しい娘である。

ところが、あるカルチャーセンターでのできごとによって大きくそのイメージが変わった。担当した「母と娘」というテーマの連続講座には、多くの参加者が申し込んできた。ほとんどが女性だったのは予想どおりだが、参加者の年齢が高いことは意外に思えた。たぶん、娘との関係に困っている母親なのだろう、というのが私の想像だった。そこに参加しているある中年の女性はこう言った。

「結婚して以来、夫とはいろいろなことがありました。でもここまで離婚しないでこれたのは娘がいたからです。その娘が結婚するとき、私はまるで自分の手がもがれる思いでした。正直言うと娘の結婚相手と私は張り合っていたと思います」

「手足がもがれる思い」ということばをこんなときに使うのかと、実にリアルな印象を受けたのをおぼえている。しかしそれは想定内の感想だった。

おどろいたのは、続いて手を挙げた同じくらいの年齢の女性が「私も墓守娘です」と述べたことだ。よくよく考えれば、六〇代の女性が八〇代の母を介護している例は珍しくもない。そうか、三〇代だけではない。墓守娘は広い年齢層にわたって存在することがわかって、がぜん、私の意欲は湧いた。

一九九六年、私は『「アダルト・チルドレン」完全理解』(三五館。文春文庫に『アダルト・チルドレンという物語』として収録)を書いた。それから一二年が過ぎ、一〇〇人をゆうに超えるアダルト・チルドレンだと自覚する女性たちと出会ってきた。長い年月と、豊饒というには無残すぎることばから浮かび上がってきたものは、家族の中で再生産されている母との苦しみだった。

本書には三つの柱がある。墓守娘とその母と父の三人である。

何より、本書は幅広い層の墓守娘たちにエールを送るために書かれている。アダルト・チルドレンに関する本で主張したことと基本にぶれはないが、その後のカウンセリングをとおして、母親たちのしたたかな生存戦略に娘たちはなかなか対抗できないという現実と、どこまでもべったりと張りついて離れない彼女たちの罪悪感に直面した。それを何とかしたいというのが、本書を書く上での一番大きな動機になっている。

ともすれば母親たちに厳しい内容になっているかもしれないが、それは母親たちへの私からのサービスだと思ってもらいたい。自分の人生を安易な地点で値切らないでほしいと願うからだ。それに、娘がもっと生きやすくなることを願わない母はいないだろう。もう一つ、母と娘をペアに語るとき、こぼれ落ちてしまう父親を正面に据えたかった。これもカウンセリングで日常的に感じていることだ。子どもの問題がどうして母の問題だけに限局されてしまうのか。なぜ彼らは高みの見物を決め込み、最後の果実だけを奪っていくのか。こんな憤りに近い気持ちが私を駆動させ続けた。

本書に登場するすべての人物像は、プライバシーに配慮して私が再構築したものである。お読みになったかたたちが、自分の一部をそこに感じとっていただければ、私にとってはこの上ないよろこびである。そして、本書をきっかけに、墓守娘ということばが静かに広がることを願っている。

執筆するにあたって、企画の段階から連載終了まで、そして単行本化までの長丁場をずっと励まし続けてくださった春秋社編集部の篠田里香さんに心よりの感謝を述べたい。そしてカウンセリングの場で出会った多くの墓守娘のみなさんにもお礼の気持ちを伝えたい。あなたたちとの出会いがあったので、このような一冊の本が生まれたと思っている。

ありがとうございました。

すぐそこまで近づいている春の気配を感じながら

信田さよ子

文庫版あとがき

母と娘との関係がそれほどなまやさしいものではないこと、時には娘の人生を左右してしまうことを書いたのが、2008年刊行の本書だった。黄色いカバーが目立つ一冊は、著者である私も想像できなかったほどの反響を呼び、墓守娘という言葉も広がった。

原宿の片隅にある開業カウンセリング機関でお会いしてきた数えきれない女性たちは、母との関係で深く苦しんでいた。誰からも理解されず名前もつかない苦しみは、自分自身を責める刃となって彼女たちを苛むのだった。

そんな女性たちの立場から、彼女たちの視点に立って描き出した本書は、日本の母娘関係の言説に対して風穴を開けた。今となってはそう断言できる。

それ以降、SNSなどのメディア上におびただしい数の「母親批判」「毒母批判」が溢れ、書籍も数多く出版された。2008年当時はほとんど使われていなかった「毒親」という言葉も、今では日本の社会にすっかり定着したかのようにみえる。

私自身はそのような潮流から距離を取ってきた。「毒」という言葉をどうしても使う気になれなかったし、母を断罪するだけで済むとは思えなかったからだ。その萌芽はすでに本書の中に描かれている。

さまざまな理由から、刊行から16年経って本書はやっと文庫化されることになった。遅すぎたかもしれないが、私は今でよかったと思う。「毒母」「毒親」という言葉の流行を冷静にとらえ直す時期が来たと思うからだ。そして、母の高齢化に伴い母娘関係は新たな様相を帯びるようになるに違いないからだ。

私にとっての記念碑的一冊である本書が、ふたたび多くの人の手に届きますように。

熱帯夜に鳴く秋の虫の声を聴きながら

２０２４年9月　　信田さよ子

解説
信田さよ子という名の地図

三宅香帆

信田さよ子の達成とは何だったのか。母娘問題やDVやアディクション（嗜癖《しへき》）問題を扱う臨床心理士の第一人者であり、日本一本を精力的に出版している日本公認心理師協会の会長であり、さらにいまもカウンセラーとして臨床の場に立ち続けている。そういった達成は知られている。もちろん私も知っている。それでもなお、言いたい。信田さよ子の達成とは、日本の母娘問題に「夫」の姿を引っ張り出したことである。私はそう考えている。

本書は春秋社から２００８年に刊行された。臨床心理士の信田さんが、カウンセラーとして目撃した母娘関係から、「母との関係に苦しむ娘」の解決策について綴った一冊である。彼女たちの姿から、家族の「墓」を託されてしまう団塊ジュニア世代の娘たちの存在を指摘した。２０２４年現在、増刷を重ね続け21刷、娘たちに読み続けられている。

「母が重い」というタイトルは、そんなことを言うなんて許されなかった娘たちの「もう耐えられない」という悲鳴そのものだった。私は本書を読むたび、2008年以前の娘たちの悲痛さを知る。「毒親」も「親ガチャ」も一般的に知られるようになる以前のことだ。本書がなかったら、どれほどの娘たちが「母が重い」を言うことができなかったか。母に愛されている、期待されている、仲が良い、しかし――母が重くてたまらない。それでも、母の重さを払いのけることができない。娘たちの悲鳴を、本書はすくいあげた。

なにより本書の白眉は、家庭における「主役」を「父」と言い切っている点にある。家庭に「居ながらにして不在であるひと」を、信田さんは父と呼んだ。空虚な中心。家庭の天皇ともいえる彼は、娘が母に対して重く苦しんでいること、そしてその責任が自分にあることに思い至らない。団塊世代の父たちは、母と子とともに自分を家庭の関係を担うひとりであると考えない。家庭になにか問題が起きた時、まるで仕事のトラブルを解決するかのように、自分の感情を押し殺して人間関係を補完しようとする。本書は母娘関係の背景にいる「父」の問題を、まるで地図上に見えない大陸を描き出すがごとく、指摘した。

なぜ家庭の父は不在であり続けられたのか。そこにあるのは、家父長制という近代日本でつくりあげられた共同幻想だった。父は稼ぎ、家の外における顔であるがゆえ、家の中においては不在でいい。まるで天皇のような振る舞いを許されていた昭和の父は、妻のケアを娘に担わせたことに気づいていない。娘は父の代わりに母の世話をし、その結果「墓」を押し付けられる。

同時に、娘もまた、家父長制の内部にいる。それは母性愛という物語に縛られた結果である。本書はこのように、娘・母・父の物語を家父長制という地図のうえで描き出したのだ。

つまり家父長制のA面は「男はとにかく働けばよく、家庭を養うべき」という幻想をつくりだし、家父長制のB面は「女は生まれつき母性をもつので、家庭を愛するべき」という幻想をつくりだした。だからこそ娘は、子は母に愛されるのが「普通」であるはず、母に愛されなかった自分はだれからも愛されないと絶望してしまう。さらに、家族なのだから、娘は母の面倒を見なくてはいけない、と思い込んでしまう。――だが、そのような思考は、家父長制という物語がつくりだした、母性愛というジェンダー化された幻想のなかでとらわれているだけなのである。

信田さんは、娘が母から離れようとするとき持つ「罪悪感」は「人生の必要経費」だと言い切る。家父長制の内部にいる限り、母に罪悪感をもってしまうのは仕方がない。しかしその先に、あなたが母から離れることができる人生が待っているのだ、と。

なんて鮮やかな解説だろう。ふらふらと母の森をさ迷う娘たちにとって、信田さんの

「あなたの罪悪感は家父長制が生み出した物語だ」という言葉は、どれほど力強い地図になったか。東日本大震災以前に、すでに信田さんはこのような地図を娘たちに手渡していたのだ。「絆」という、家父長制を強化する物語が流行する以前に。

しかし、2024年現在、本書が刊行された当時と比較すると、共働き家庭は増加した。もちろん育児休暇を取得する男性がまだ少なかったり、母親の責任を問う声が大きかったり、男女の子育て役割意識に明らかにジェンダー差が存在する。それでも2008年と比較すると、明らかに育児や家庭におけるジェンダーアンバランスは少しずつ薄まりつつある。それは私の同世代の、いわゆる「ゆとり世代」から始まっている社会変化なのかもしれない。では、家父長制の物語が薄まれば、母娘問題は解消されるのだろうか？

私は否、と答えたい。本書の射程は、団塊ジュニア世代に特化したものではない。もっともっと、遠くを見据えている。おそらく共働き社会がどれだけ増えても、それでも本書を手に取る娘たちは減らないはずだ。なぜか。信田さんの言葉にヒントがある。

家庭における「不在の父」――つまり母娘問題にあくまで第三者としてかかわろうとする男性たち――に対して、信田さんは伝える。

家族関係は、明確な因果関係で動くわけではなく、ひたすらプロセスの連続である。

感情を表すことばは、プロセスを切り取ることで成立する。日は昇り日は沈む、は事実に過ぎない。夕陽がきれいだと言うことで、初めてそのプロセスにあなたたちは参加することができる（本書151ページ）。

そう、仕事と家庭は違う。しかし父は、まるで「仕事のように」家庭に存在しようとする。その姿こそ、母娘関係を理解しようとしない、不在の父の原因となっている。だとすれば、今後、仕事と家庭を「両立」しようとする母が増えることによって、まるで墓守娘の父たちのように、「感情を表すことば」を抑圧しようとする母は、増えるのではないだろうか。まるで仕事のように家庭の問題を解決しようとして、結果的に人間関係の葛藤から逃げようとする姿。働く父に特有だったその姿勢は、働く母にも適用されるのではないか。するとまた結局、娘の苦しみを生み出しはしないだろうか。――そんな予感を私は持っている。

もちろんこの予感は、いうなれば「ゆとり世代ジュニア」（！）が登場しないと答え合わせはできない。だが母娘問題は、なぜか夫ではなく娘に体重をかけてしまう「重い母」は、今後も生み出され続けるのではないか、という奇妙な予感を私は本書を読んで感じてしまう。共依存は、生まれ続けるのではないか、と。

ならば対策はひとつだ。私たちは、家庭における母も父も娘も、本書を読んでおくべきなのだ。信田さんの地図を手にとるべきなのだ。

母は重くなりやすく、父は消えやすく、そして娘は苦しみやすい。そう、信田さんから伝えられておくべきなのである。

母の重さに耐えられないのだと、娘は声を上げていい。――この言葉を、信田さんはずっと唱え続けている。社会でいくら「親を大切に」といった言説が強くなろうとも、信田さんがいてくれるから、娘たちは地図を片手に生きていける。信田さんの言葉を道標に、娘たちは生きのびることができる。これからも。少なくとも私は、そんな娘のひとりだった。

（みやけ かほ／文芸評論家）

【参照文献・参考資料】

『アダルト・チルドレンという物語』信田さよ子、文春文庫、二〇〇一
『愛について――アイデンティティと欲望の政治学』竹村和子、岩波書店、二〇〇二
『おかあさんと旅をしよー。』ムラマツエリコ・なかがわみどり、メディアファクトリー、二〇〇六
『女と戦争』第6巻「母の世紀の序」伊福部敬子、大空社、一九九二
『家族収容所――「妻」という謎』信田さよ子、講談社、二〇〇三
『家族、積みすぎた方舟――ポスト平等主義のフェミニズム法理論』マーサ・A・ファインマン、上野千鶴子監訳、速水葉子・穐田信子訳、学陽書房、二〇〇三
『近代家族の成立と終焉』上野千鶴子、岩波書店、一九九四
『岩波講座現代社会学19〈家族〉の社会学』「近代家族をめぐる言説」落合恵美子、岩波書店、一九九六
『近代日本の父性論とジェンダー・ポリティクス』海妻径子、作品社、二〇〇四
『〈子供〉の誕生――アンシァン・レジーム期の子供と家族生活』フィリップ・アリエス、杉山光信・杉山恵美子訳、みすず書房、一九八〇
『サラリーウーマン幸せ研究所　LIFE編』小林由紀子＋日経WOMAN編、日本経済新聞社、二〇〇六
『団塊世代・新論――〈関係的自立〉をひらく』天野正子編著、有信堂高文社、二〇〇一
『DVと虐待――「家族の暴力」に援助者ができること』信田さよ子、医学書院、二〇〇二

『ナラティヴの臨床社会学』野口裕二、勁草書房、二〇〇五
『21世紀家族へ（新版）』落合恵美子、有斐閣、一九九七
『岩波応用倫理学講義5 性／愛』「母・娘のナラティヴ――愛着と分離のはざまで」河野貴代美、岩波書店、二〇〇四
『母を支える娘たち――ナルシシズムとマゾヒズムの対象支配』高石浩一、日本評論社、一九九七
『光抱く友よ』髙樹のぶ子、新潮文庫、一九八七
『母性愛神話のまぼろし』ダイアン・E・アイヤー、大日向雅美、大日向史子訳、大修館書店、二〇〇〇
『母性愛という制度――子殺しと中絶のポリティクス』田間泰子、勁草書房、二〇〇一

＊

『週刊文春』二〇〇六年八月三日号、文藝春秋
『読売ウイークリー』二〇〇四年一〇月二四日号、読売新聞東京本社
『ゆうゆう』二〇〇四年七月号、主婦の友社
『Domani』二〇〇六年七月号、小学館
『文藝春秋』二〇〇六年一一月号、文藝春秋
『プレジデントFamily』二〇〇六年八月一八日号、プレジデント社
映画『ピアニスト』ミヒャエル・ハネケ監督、二〇〇一年、フランス・オーストリア

母《はは》が重《おも》くてたまらない
墓守娘《はかもりむすめ》の嘆《なげ》き

朝日文庫

2024年12月30日　第1刷発行

著　者　信田《のぶた》さよ子《こ》

発行者　宇都宮健太朗
発行所　朝日新聞出版
〒104-8011　東京都中央区築地5-3-2
電話　03-5541-8832(編集)
03-5540-7793(販売)
印刷製本　大日本印刷株式会社

定価はカバーに表示してあります

ISBN978-4-02-262106-1